资助项目：中央高校基本科研业务费专项资金资助项目
项目名称：日本企业形象建设与声誉传播
项目编号：FRF-TP-18-086A1

资助项目：中央高校基本科研业务费专项资金资助项目
项目名称：跨学科视域下外国语言文学前沿专题研究
项目编号：FRF-BR-19-007B

The Essence of
Japanese Corporate Culture

日本企业文化要义

汪帅东◎著

ZHEJIANG UNIVERSITY PRESS
浙江大学出版社

　　清华大学胡钰教授曾说，在当前激烈的国际市场竞争中，中国企业存在两个"不匹配"：一是美誉度和贡献度不匹配，即中国企业贡献巨大，却未能获得充分的肯定和认可；二是软实力和硬实力不匹配，在近年来美国《财富》杂志发布的世界500强企业排行榜中，入围的中国企业数量可观，但在该杂志发布的"全球最受赞赏公司榜单"中，中国企业却无一上榜。这充分暴露了中国企业"大而不优，大而不美"的弱点，即软硬实力发展相对失衡，由此可见，企业形象与声誉已成为中国企业持续发展的制约因素。胡钰教授通过海外调研发现，中国企业对海外形象的塑造还缺乏充分的、专业的认识，企业通常仅仅关注政府关系，通过做好产品、谈拢价格等传统模式开拓市场，却经常忽视社区民众的影响，结果常因缺乏当地民众的支持和认可而使协议变为一纸空文，这俨然成为中国企业走向世界的阻碍。近年来，尽管不少企业增加了宣传投入，设立了宣传部门，但是相较于日本的索尼、佳能等大型跨国公司，中国企业在形象建设与声誉传播上仍显不足。

　　以强者为师既是不可抗拒的历史逻辑，也是物竞天择的生存哲学。为了应对当前中国企业在软实力建设上的不足，笔者以日本企业为研究对象，将其作为一个正向参照予以充分论述。中日两国毗邻而居，一苇可航。自有文献记载的"倭人贡鬯草"（《论衡·卷八·儒增篇》）以来，双方的交往已经绵延两千余年，尽管过程中夹杂着一些不可忽视的消极因素，但是总体上处于较为稳定的状态，而今更是在诸多领域建立了战略合作关系。虽然两国各有其民俗风情和审美趣味，但两者共栖于汉字文化圈，拥有一脉相承的文化基因与东方智慧，存在着不少相同或相近的思维逻辑、价值观念以及精神特质等。对中国企业而言，将以经营哲学著称的日本企业作为考察和效仿的对象，不但便于借助思想文化上的同根同源与其进行深层次的探讨和互动，更有利于依靠地缘优势创立更多点对点式的交流平台与合作接口，从而真正实现学以致用、用以致达的设想。

　　"文章合为时而著。"（《与元九书》）在中国企业急需提升软实力的当下，拙著各章注重时效性与实用性。全书由八章构成。第一章从理论层面阐释了企业声誉的内涵与外延，从人本主义、环境主义等八个哲学维度探讨了日本企业在声誉建构过程中的具体做法，并且论述了八个哲学维度之间的内部关联。第二章到第五章以松下幸之助、盛田昭夫等日本四大"经营之圣"为研究对象，分别从经营哲学、管理哲学、领导哲学和企业哲学这四个视角出发，考察了他们在企业形象与声誉建设过程中采取的举措及取得的成效。第六章选取日本可口可乐作为案例分析对象，从产品与包装两个方面探讨了企业创新文化的导入路径及其对中国饮料行业发展的启示。第七章专注于日本享誉全球的文化产业，对其颇具借鉴意义的"文化立国"战略、"产学官"协同合作、国际文化品牌塑造、日语语言文化推广等措施进行了细致梳理和评述，同时对其管理制度更新、技术创新、产品研发及融资渠道拓展等发展路径展开了多维阐释。第八章根据《2018 年度爱德曼全球信任度调查中国报告》分析了中国企业在形象建设与声誉传播上滞后于发达国家的原因，在此基础上提出了提升中国企业软实力的几点对策。

　　企业文化建设是一项系统工程，涉及企业的方方面面。任何一种企业文化的培育及至成型，若是缺乏深邃的思想内涵，恐怕难以持续发展，而其对企业软实力和竞争力的提升能够产生何等的影响和助力，则更无从谈起；若是缺乏有效的制度作为保障、具体的原则作为规制，那么企业文化建设就只能流于空谈。因此，在进行企业文化建设或开展相关研究的过程中，既要注重其内在丰富而深刻的思想内涵，又要关注其外在林林总总的制度章程等显性内容，唯有如此，才能使"企业文化"这个概念真正摆脱看似高深玄奥却空洞无物的刻板印象。总体而言，以文化建设经验丰富的日本企业作为对象进行考察，对于中国企业软实力的提升与发展具有重要的参考价值和现实意义。

目 录

C O N T E N T S

CONTENTS

第 一 章

日本企业声誉的哲学建构

JPN

声誉建构是日本企业文化建设的重要内容，良好的社会声誉是企业实现可持续发展的前提和基础，更是企业拥有战略性竞争优势的关键。从近年来入围"全球企业声誉排行榜"的佳能集团、索尼公司以及丰田汽车公司等成功案例来看，日本企业的声誉建构是一个长期连贯、循序渐进的过程，其中蕴含着丰富而深刻的东西方哲学思想，它们相对独立又互为关联，不仅是支撑日本企业声誉建构的文化因子，还是支配日本企业声誉建构的理论依据。就总体特征而论，日本企业为建构声誉而秉持的哲学观，讲求东西方哲学思想的融合与兼用，崇尚现代但也不斥守故，遵循套路但也不畏颠覆。

第一节 ·
企业声誉的概念认知

·

随着经济全球化进程的加快，开展跨国经营逐渐成为各国企业的必然选择和建设目标之一。企业的产品和技术是硬实力，企业的声誉和形象是软实力，它们是提升企业竞争力的核心要素，缺一不可，而企业声誉的建构与企业形象的塑造更是直接关系到企业在国际市场上的地位及影响。

一、"企业声誉"的定义

"企业声誉"作为学术概念出现肇始于 20 世纪 60 年代。1965 年，美国学者西奥多·莱维特（Theodore Levitt）在《工业购买行为：传播效果研究》一书中给"企业声誉"下了一个定义："消费者对企业知名度、好或坏、可信度、可靠性、美誉度和信任度等的感知。"[①] 自此，"企业声誉"一词层见叠出。据笔者调研，迄今国内外学者对"企业声誉"所下的定义不少于 40 种，而且不同的学科对其阐释的重心也不尽相同。1998 年，查尔斯·J. 福诺布龙（Charles

---

① Levitt, T. Industrial Purchasing Behavior: A Study of Communication Effects[M]. Cambridge, Mass: Harvard University Press, 1965: 62.

J. Fombrun）和西斯·B.M. 范里尔（Cees B.M.Van Riel）从诸学科视角对企业声誉的概念进行了系统归纳：从经济学视角将企业声誉视为一种属性或信号；从战略视角将企业声誉看作一种资产或进入壁垒；从社会学视角认为企业声誉代表了有关评价对象声望的综合评价，描绘出评价对象及其所处的社会系统的层次，同时认为声誉还是反映组织合法性的指标；从营销学视角强调企业声誉是外部主体对企业的感受或信息加工过程；从组织学视角将企业声誉根植于企业文化和身份之中；从会计学视角更多地将企业声誉看作企业的一种无形资产；等等。① 目前，国际认可度较高的是查尔斯·J. 福诺布龙、曼弗雷德·施瓦格（Manfred Schwaiger）两位学者提出的定义：查尔斯·J. 福诺布龙认为，企业声誉是与竞争对手相比较而言的，是基于对企业过去的行为以及前景的感知度而产生的对企业的所有利益相关者的吸引力；曼弗雷德·施瓦格则认为，企业声誉是利益相关者的一种态度结构，包括认知和情感两个因子，以及经营状况、质量、责任和吸引力四个方面。

在国内学界，有关"企业声誉"概念的界定始终言人人殊，莫衷一是。其中，最早对其做出概念性解释的是白永秀和徐鸿，他们认为，企业声誉是在公众的头脑中留下的一个总体印象。② 同年，干勤也为企业声誉下了定

---

① 潘月杰, 耿冬梅. 企业声誉危机预警与管控 [M]. 北京: 经济管理出版社, 2014: 4.

② 白永秀, 徐鸿. 论市场秩序和企业声誉 [J]. 福建论坛 (人文社会科学版), 2001 (6): 71.

义，即"一个企业获得社会公众信任和赞美的程度，通常由知名度、美誉度和信任度构成"①。在早期出现的各种定义中，笔者认为，郑文哲和王水嫩给出的阐释具有很强的启发性，他们主张"企业声誉是企业在与其公众的社会交往中自然形成的，是企业行为能力与公众认知两方面相互作用的结果。它是公众对企业的各种因素认知基础上所得出的一种综合评价"②。要言之，企业声誉不是一个空洞的抽象概念，而是一个包含诸多因素和多重维度的有形概念。石瑞勇在《企业声誉管理基本内涵剖析》一文中，将国内学界迄今有关企业声誉的解释概述为六种：第一种认为企业声誉的形成需要经过一定时间的积累，是企业的利益相关者在企业发展过程中，按照其积累的经验与企业行为和主要竞争对手的相关信息，对企业做出的全面、正面的评价与判断；第二种认为企业声誉是企业发展历史中的种种表现及其影响结果的一种综合体现，这些企业的种种行为表现与影响结果可以为企业利益相关者提供有价值的市场信息和能力；第三种认为企业声誉就是单个利益相关者对企业各方面感觉的总和，而这些利益相关者的感觉可以用以测量企业如何响应其有效需求和市场预期；第四种认为企业声誉主要传达某一企业有关的特定信息，这些特定信息的获得不仅靠直接的市场经验，还依附于人际沟通与社会评价等；第五种认为企业

---

① 干勤.对我国企业加强声誉管理的思考[J].南京经济学院学报，2001（2）：27.

② 郑文哲，王水嫩.企业声誉的培育和维护[J].企业改革与管理，2004（3）：44.

声誉应该包括理性与感性两个维度，理性维度指的是企业认知方面的声誉，感性维度指的是企业情感方面的声誉；第六种认为企业声誉是包含企业形象在内的一系列要素融合而成的综合性概念，是企业身份和企业形象的结合体，身份主要指企业内部的员工如何看待企业，而形象主要是消费者的看法。[①] 尽管国内学界涉及企业声誉定义的论述俯拾皆是，但笔者认为，企业声誉的定义应该从狭义与广义两个层面来认知。从狭义上讲，企业声誉是指企业在长期经营活动中积累的声望和名誉；从广义上讲，企业声誉则是指公众在对企业的经营业绩、创新能力、社会责任与战略传播等因素认知的基础上所得出的一种综合评价。作为一种无形资产，良好的企业声誉不仅有利于企业招揽优秀的人才，增强消费者对企业产品的信赖，而且使得企业容易获得更多的外部资源，从而降低融资成本。

在企业管理领域中，戴维·M.克雷普斯（David M. Kreps）是第一位提出企业声誉理论的研究者，他把企业作为一个声誉的载体，并借助重复博弈论中的思想阐释了企业声誉的建构。戴维·M.克雷普斯认为，"权威"源于企业声誉，他指出任何经济活动都可能面临不可预见的突发事件，一家企业如何应对危机将直接影响到企业利益相关者的利益，如果缺乏建构或维持声誉的能力，

---

① 石瑞勇.企业声誉管理基本内涵剖析 [J].经济研究导刊，2019 (21)：10-11.

企业一旦遇到危机就很难东山再起。声誉的高低是随着它被使用的次数而叠加的，既不易建构亦不易消匿，所以一家企业的早期历史可能在该企业声誉的形成中发挥着决定性作用。本特·霍姆斯特罗姆（Bengt Holmstrom）提出了关于声誉激励的若干问题，他总结并提炼的代理人市场模型是对尤金·F.法玛（Eugene F. Fama）思想的模型化表述，用以说明市场上的声誉可以作为显性激励契约的替代物。乔纳·伯杰（Jonah Berger）认为，声誉是消费者网络口头交流的结果。哈罗德·L.科尔（Harold L. Cole）和提莫西·J.基欧（Timothy J. Kehoe）提出声誉网络的溢出效应，即声誉的效果往往会超越交易范围而对范围之外的个体产生影响。奥德·申克尔（Oded Shenkar）和尤特曼·亚尔（Yuchtmann Yaar）提出，声誉是社会机制的运作结果，在这种社会机制中各利益群体可以被看成网络中的成员，他们之间以不同的社会距离相互联系。小威廉·J.威廉（William J. Wilhelm Jr.）研究了团队设置中的声誉性，探讨了通过何种方式实现团队中的激励相容问题。史蒂文·特德斯（Steven Tadelis）用一个包含道德风险与逆向选择的动态一般均衡模型，研究了声誉市场对企业经营者努力的生命周期激励的影响，认为在声誉市场上，激励与年龄无关，并且在均衡中更有能力的代理人不会比相对无能的代理人的要价更高。近年来，有关"企业声誉"的部分研究突破了以往偏重于理论研究的局限，开始着眼于管理实践中评价指标体系的探讨和建构，以满足参与国际市场竞争的各大企业的迫切需要。

二、与企业形象的互动关系

任何企业的持续发展都离不开企业理念的指引、企业形象的塑造以及企业文化的支撑，拙著将三者之间的互动关系称为"雨伞理论"，即如果将企业形象比作一把雨伞的"伞面"，那么企业理念就是撑持企业形象的"伞柄"，而企业文化便是支撑企业形象的"伞骨"。一个成功的企业不仅要有稳固的"伞柄"和"伞骨"，更要有结实的"伞面"，才能从容面对善变的市场环境，沉着应对突如其来的危机冲击，就此而言，塑造良好的企业形象对于企业的持续发展至关重要。对于现代企业而言，"酒香不怕巷子深"的经营理念已是明日黄花，除提供优质的产品和服务外，积极主动地塑造和传播企业形象，既是推动企业发展壮大的必由之路，也是增强企业国际竞争力的不二法门。所以，企业形象应该被奉作经营活动最宝贵的资源加以开发利用。

企业形象建设兴起于欧美国家，距今已有百余年的历史。18 世纪以后，随着工业化程度的不断深入，企业间的市场竞争日趋激烈，以商标为主的宣传手段已经无法满足企业持续发展的需要，新的经营路径的探索成为企业经营者不得不认真思索和应对的课题。1907 年，受埃米尔·拉特瑙（Emil Rathenau）的邀请，被称为"德国现代设计之父"的彼得·贝伦斯（Peter Behrens）为德国通用电气公司设计出第一套完整的企业识别系统，开创了现代企业识别计划的先河。第二次世界大战后，欧洲经济的缓慢复苏为美国经济的快速发展创造了前所未有的机遇。随着物质生活水平的不断提高，各类消费品的需求愈发多元化，促进生产经营活动迅猛发展，市场竞争的加剧让美国企业很快意识到企业形象的重要性。国际商业机器公司、美孚石油公司等企业均开始着手导入企业形象设计，对企业形象进行规划、宣传和管理，以提高企业的社会声誉和社会地位。及至20世纪70年代可口可乐公司更新了企业标志后，明尼苏达矿物及制造业公司、克莱斯勒汽车公司等竞相效仿，在全球掀起了企业形象设计的热潮。

中国对企业形象重要性的认识源于20世纪70年代制造业兴旺的台湾，80年代"企业形象"这一概念传入大陆开始受学术界关注。关于"企业形象"的定义，国内学界最早有所涉及的领域是公共关系，1986年中国社会科学院新闻研究所公共关系课题组编写的《塑造形象的艺术——公共关系学概论》把企业形象视为社会公众和企业职工对企业的整体印象和评价。[①] 90年代以后，以企业形象为专题的著述层见叠出。譬如，1993年陈晓钏在《企业形象设计》一书中概括称："企业形象是社会公众对一个企业经营活动的整体印象和评价，也就是通过各种标

① 中国社会科学院新闻研究所公共关系课题组.塑造形象的艺术——公共关系学概论 [M].北京：科学普及出版社，1986：34.

志，如企业标志、产品商标、营销策略和企业文化建设等建立起人们对企业的总体印象。"[①] 1994 年，高立胜提出："企业形象，是企业在其生产经营过程中，与其内外部公众的交往活动而展现出来的企业整体面貌和基本特征，以及公众对此所产生的印象和评价。"[②] 1995 年，田平等认为，企业形象是"消费者、社会公众以及企业内部员工和企业相关的部门与单位对企业、企业行为、企业的各种活动成果所给予的整体评价与一般认定"[③]。次年，王宛玲等在《企业形象策划与传播》一书中沿用了田平等学者给出的定义。[④] 1997 年，高树军、杨淑霞和孙海杰指出："企业形象又称企业形象系统，它所涉及的范围广泛，内容丰富，是一种复合指标体系。具体来说，企业形象是社会大众以及企业内部员工和企业相关的部门与单位对企业、企业行为、生产经营活动的成果所给予的整体评价与一般认定。也就是通过各种标志，如企业标志、产品商标、广告、营销策略和企业文化建设等建立起人们对企业的总体印象和评价。"[⑤] 总体而言，20 世纪八九十年代国内学者对"企业形象"的认知和表述大同小异，可大致概括为"对企业综合认知后的评价和印象"。

21 世纪以来，国内学界有关企业形象的研究成果有

① 陈晓剑.企业形象设计[M].合肥：中国科学技术大学出版社，1993：2.
② 高立胜.企业形象[M].沈阳：辽宁人民出版社，1994：4-5.
③ 田平，等.企业形象策划[M].北京：中央编译出版社，1995：10.
④ 王宛玲，等.企业形象策划与传播[M].北京：中国科学技术出版社，1996.
⑤ 高树军，杨淑霞，孙海杰.企业形象策划[M].保定：河北大学出版社，1997：1.

增无已。与此同时，有关企业形象概念的阐述也越来越趋向精细化。譬如，2001 年，陶勤海、应勤俭和龚仰军等分别从哲学、美学、管理学、心理学与营销学五个维度对"企业形象"进行了阐述，并在此基础上提出企业形象的内涵："从企业内部看，企业形象是企业的卓越管理、潜在效率、经济效益和无形资产等的总和。……从企业外部看，企业形象是社会公众对企业及其经营理念、行为及表现方式所产生的各种印象、观念、情感和意志的总和。"[①] 显然，陶勤海、应勤俭和龚仰军等提出的概念是基于形象的"自塑"和"他塑"视角来描述的，较之先行研究更加全面而具体。

2003 年，来永宝从企业文化与企业形象的关系出发，也颇有创见地提出："企业形象无疑是社会公众对企业文化、企业内在精神的看法和评价。企业文化包括企业积极的价值观和行为准则、创新和开拓精神、诚实守信的经营作风等。由企业文化形成企业精神，体现出来的就是企业形象。"[②]

2008 年，白玉和吕浩为企业形象所下的定义要言不烦，高度概括了具体问题及主要内容，他们认为企业形象是"社会公众及企业成员，通过直接的或间接的方式与渠道接触和了解到企业的种种活动与实态（如产品、产

---

① 陶勤海, 应勤俭, 龚仰军, 等. 企业形象设计 [M]. 上海: 立信会计出版社, 2001: 1-5.
② 来永宝. 塑造企业形象——21 世纪企业发展战略 [M]. 厦门: 厦门大学出版社, 2003: 32-33.

人

品包装、商标、企业外观、员工行为、经营风格），经过
思维与情感的加工、处理而形成的对企业的总体印象和
评价"。[1]

2014 年，王富祥和刘铁军从主观和客观两个层面介
绍了企业形象的含义，突出了企业形象的基本属性和本
质特征，更加严密且科学："从客观上看，是企业的本质
属性显露在外的特征和表象；从主观上看，是社会公众
（含企业内部员工）对企业的一切活动及其表现出的属性
和特征的总体认识和评价，这种认识和评价形成了人们
的印象、舆论和对企业的态度。企业关系者（顾客、中
间商、供应商、媒体、政府等）对企业的整体感觉、印
象和认识，对企业的生存和发展起着非常重要的作用。"[2]
诚然，企业形象的构成一方面来自企业客观的组织架构、
治理结构和经营机制，另一方面则源自社会公众的认知
程度、接受态度以及褒贬与夺。由于企业形象具有主观
性和客观性的双重属性，因此对其概念的阐释也应该坚
持主观与客观的统一。

"企业形象的建立，就如同鸟儿筑巢一样，从我们随
手撷取的稻草杂物中建立而成。别小看了这些稻草杂物
般的细枝末梢，正是它们奠定了一个企业形象的坚实基
础。"[3]毋庸赘述，企业形象并不是单一的存在，而是一个

---

[1]　白玉，吕浩.企业形象策划[M].2版.武汉：武汉理工大学出版社，2008：9.

[2]　王富祥，刘铁军.企业形象策划[M].2版.武汉：武汉理工大学出版社，2014：1-2.

[3]　隋岩，张丽萍.企业形象的碎片化呈现与传播[J].新闻大学，2013（5）：126.

包含着诸多要素的复合范畴。在既有的学术成果中，罗长海和林坚系统阐述了企业形象的构成，他们基于不同的认知视角，把企业形象划分为客观企业形象、主体企业形象与社会企业形象三个部分。具体而言，客观企业形象是一个企业实际存在着的文明总体状态，是企业文化系统中各个要素（物质化要素、品质化要素、催化性要素、种子要素、习俗化要素）的综合表现；主体企业形象是指本企业的职工、管理者和股东对本企业综合认识以后形成的总印象，是客观企业形象在企业主体头脑中的反映和评价，具体涉及客观企业形象本身、主体对客观企业形象的认识程度、理想的企业形象以及如何进行对比的方法因素。社会企业形象是一个企业在本企业人员以外的公众心目中，主要是在顾客、社区居民和政府公务人员心目中所留下的印象，或者说是客观企业形象在社会公众头脑中的反映。①

除认知视角外，我们还可从具体的感知要素着手，将企业形象视为产品形象、服务形象、环境形象、员工形象的复合集成体。产品形象是指消费者对产品的品牌、质量、性能、造型、包装等要素的客观印象，具体包括视觉形象、品质形象与社会形象。产品形象既是构成企业形象的核心内容，也是塑造企业形象的基础要素，唯以功能和影响而论。产品形象决定着企业形象的优劣，

① 罗长海，林坚.企业文化要义 [M].北京：清华大学出版社，2003：186-190.

更直接关系到企业发展的前途。服务形象是指消费者对企业员工在经营活动过程中表现出来的服务理念、服务态度、服务意识、服务行为与服务质量所形成的主观印象。"经营信为本，买卖礼当先。"良好的服务态度能够塑造美好的服务形象，也易于提升竞争力与美誉度。环境形象是指企业进行生产经营、从事服务活动的场所和设施给消费者留下的外部印象，它是企业现代文明程度的直接体现，具有规范、引导、驱动、凝聚和吸引五大功能。不胜枚举的案例证明，在凌乱不堪的生产环境中作业，发生安全事故的概率极高，反之则概率极低。员工形象是指企业管理者及普通员工所表现出的职业素养、着装仪表和精神面貌，拥有良好个人形象的管理者能够起到率先垂范的作用，有利于增强企业的内部凝聚力。与此同时，普通员工作为企业生产活动的执行者，更能真实地反映出企业形象，所以无论企业领导者还是普通员工都应该加强自我修养，不断提升个人形象。简而言之，一方面，拥有良好的企业形象能够增强员工对企业的信任感、归属感及责任感，有效提升企业的内部凝聚力和外部竞争力；另一方面，拥有良好的企业形象有助于快速化解危机，容易赢得公众的谅解。

良好的企业形象塑造往往需要经历一个漫长的过程。穷原竟委，与其密切相关的知名度与信誉度的提升离不开企业的长期奋斗和不懈努力，需要有计划、有步骤、有组织地开展和实施各种经营管理活动，并把这些经营管理活动统一到企业形象建设这个战略目标上，持之以恒地进行下去。关于企业形象与企业声誉的关系，国内学界既有成果寥寥无几，而且各家观点莫衷一是。笔者认为，企业形象与企业声誉之间并非简单的内外对立关系，其间夹杂着企业诚信的支撑互动。一言以蔽之，企业形象的树立不可忽视企业诚信的坚守与企业声誉的建构，三者之间存在着不可分割的交互关系。质言之，如果把企业诚信视作内在美或者说本质美，那么企业形象就是外在美或者说现象美，而企业声誉则是基于企业形象和企业诚信而建构起来的综合美或者说整体美（见图1–1）。

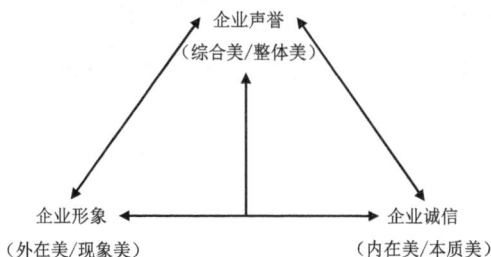

图1–1　企业形象、企业诚信和企业声誉的交互关系

企业诚信的建构主体只是企业本身，而企业形象与企业声誉的建构主体则包括企业和公众，即企业负责生产，公众负责传播，两者只有共同参与，协同作用，才能实现企业声誉的终极建构。中国有句谚语："买卖公平天经地义，童叟无欺诚信为本。"诚信为本是中国传统商业文化沉淀积累下来的精华，作为塑造形象和建构声誉

的基础要素，诚信是企业取得成功的立足之本，只是急功近利地追求外部形象的企业，常常因缺乏需要长期考验才能积攒起来的信誉而难以获得良好的声誉。而故步自封的企业，也往往会因忽视需要对外宣传才能树立起来的形象而难以获得良好的声誉。企业诚信是企业行为能力的一种表现，是企业对社会、市场和客户履行承诺的一种标识，作为企业建构声誉与塑造形象的核心要素，良好的信誉将会促使企业拥有更多的商业优势，如增加顾客对产品和服务的信心、建立更高的客户忠诚度、促使企业保持长期的超额利润。因此，只有长期不懈地狠抓诚信管理，企业才能在社会公众中更好地维护自身的形象和声誉。一旦树立了良好的形象和声誉，企业就会产生很强的继承性和延续性，在激烈而残酷的市场竞争中占据一席之地。

企业声誉的多维评价

在国际市场竞争日趋激烈的当下，我国企业在全球享有的美誉度与其贡献度存在明显的不匹配。从美国《财富》杂志发布的"2017年世界500强企业排行榜"来看，我国国有企业表现优异，尤其是国家电网、中石化和中石油三家企业成功跻身四强，但是在美国《财富》杂志发布的另一份榜单"2017年全球最受赞赏公司榜单"中，我国企业的表现则相形失色，无一上榜。通过上述两份榜单的对照能够清晰地看出，我国企业声誉的海外建设严重滞后于发达国家。那么，我国企业在声誉建设上存在哪些不足，应该在哪些方面加强呢？想要解决这个问题，首先必须梳理和分析相对成熟的评价指标体系，然后据此开展和优化企业声誉建设。

关于企业声誉的高低评价，目前影响力最大的是美国《财富》杂志举办的"美国最受尊敬公司"和"全球最受尊敬公司"评选活动。从评选标准来看，最终榜单的产生主要是根据企业内部管理能力、产品或服务质量、企业创新能力、长期投资的价值回报、财务报表的真实性、吸引优秀员工的能力、社会责任及环境责任、企业资产使用的合理性、全球经营能力等九个指标进行判定，英国、德国及澳大利亚等国家的主流经济媒体对企业声誉评价指标的设定与其相差无几。从上榜企业的排名来看，这些发达国家对声誉的评价重心普遍倾向于财务方面的表现，一言以蔽之，财务表现越好，企业排名越高。毋庸赘述，这种评价体系存在着很大问题，最严重的是没能对声誉本身与影响声誉的因素加以区分。鉴于此，笔者从经营业绩、创新能力、社会责任与战略传播四个维度出发，重新提炼出以下评价指标，具体如表 1-1 所示。

表 1-1　企业声誉评价指标

序号	维度	指标	分值
1	经营业绩	产品质量	
		服务质量	
		财务表现	
		管理水平	
		人才吸引力	
2	创新能力	技术创新	
		产品创新	
		商业模式创新	
3	社会责任	合规经营	
		环境保护	
		社区融入	
		社会公益	
4	战略传播	品牌传播	
		形象公关	
		危机管理	

（1）经营业绩直观地反映企业经营活动带来的整体财务状况与经营成果，它既是传统企业参与市场竞争最

稳定的基础要素，也是现代企业声誉评价体系中最核心的检验指标。产品质量、服务质量、财务表现、管理水平、人才吸引力等指标都直接关系着企业声誉的内部塑造和外部评价。

①产品质量（product quality）是指产品满足规定需要和潜在需要的特征和特性的总和。不论是简单产品还是复杂产品，都应当用产品质量特性或特征进行描述。产品质量特性依产品的特点而异，表现的参数和指标也多种多样，反映用户使用需要的质量特性归纳起来一般有六个方面，即性能、耐用性、可靠性与维修性、安全性、适应性、经济性。

②服务质量（service quality）是指服务能够满足规定需要和潜在需要的特征和特性的总和，也是指服务工作能够满足被服务者需求的程度。它是企业为使目标顾客满意而提供的最低服务水平，也是企业保持这一预定服务水平的连贯性程度。

③财务表现（financial situation）是指企业在某一时刻经营资金的来源和分布状况，是企业经营活动的成果在资金方面的反映，按照各项目间存在着的相互对应关系，将资金占用和资金来源之间的各个对应项目加以分析对比，观察资金占用及其来源是否合理。①

④管理水平（management level）是指管理者对企业

① 王文元.新编会计大辞典 [M].沈阳：辽宁人民出版社，1991：1.

生产经营活动进行计划、组织、指挥、协调和控制所达到的高度，具体表现在对企业的人力、物力、财力、信息等资源的调配效率。

⑤人才吸引力（talent attractiveness）是指企业对员工和社会人才的吸引力，包括能否将现有的人才留在企业，以及能否把优秀人才吸引到企业。对内吸引力越大，员工的积极性就越强，工作效率就越高；对外吸引力越大，就越容易招揽优秀人才，也越容易在市场竞争中取胜。

（2）创新能力是指企业在外部环境和内部因素的共同作用下做出革新的能力。创新能力是企业知觉变异、解读变异、创新决策与有效实施和组织活动的能力。[①] 在企业声誉评价体系中，创新能力体现在技术创新、产品创新和商业模式创新三个方面。

①技术创新（technology innovation）是指以创造新技术为目的的创新或以科学技术知识及其创造的资源为基础的创新。前者如创造一种新的激光技术，后者如以现有的激光技术为基础开发一种新产品或新服务，两者常合而为一，是企业竞争优势的重要来源，也是企业可持续发展的重要保障。[②]

②产品创新（product innovation）是指以创造全新产品或改进产品为目的的创新。[③] 全新产品创新是指产品用

---

① 张军，许庆瑞.知识积累、创新能力与企业成长关系研究 [J].科学学与科学技术管理，2014（8）：88.
② 陆雄文.管理学大辞典 [M].上海：上海辞书出版社，2013：342.
③ 陆雄文.管理学大辞典 [M].上海：上海辞书出版社，2013：349.

途及其原理有显著的变化；改进产品创新是指在技术原理没有重大变化的情况下，基于市场需要对现有产品所做的功能上的扩展和技术上的改进。

③商业模式创新（business model innovation）是指改变企业价值创造的基本逻辑以提升顾客价值和企业竞争力的活动。它既可能包括多个商业模式构成要素的变化，也可能包括要素间关系或者动力机制的变化。[①]

（3）社会责任（social responsibility）是指企业在商业运作中对利害相关者应负的责任。就企业自身而言，承担社会责任意味着要为自己介入或影响人们、社会以及环境的一切行为承担责任，也就是在创造利润的同时，企业应该承担对员工、对消费者、对社区、对环境的相关责任，在企业声誉评价体系中可将其提炼为合规经营、环境保护、社区融入和社会公益四个指标。

①合规经营（compliance management）就是企业依法规范经营行为，履行商业责任，坚持正确经营方向，保护广大消费者权益，维护市场健康稳定发展的重要经营原则。

②环境保护（environment protection）是指为解决现实或潜在的环境问题，协调人类与环境的关系，保护人类的生存环境、保障经济社会的可持续发展而采取的各

[①] 陆雄文.管理学大辞典[M].上海：上海辞书出版社，2013：79-80.

种行动的总称。① 环境保护主要包括防治由生产和生活活动引起的环境污染、防止由建设和开发活动引起的环境破坏、保护有特殊价值的自然环境等内容。②

③社区融入（community integration）是指企业与所在地区的行政机关、工厂、学校、商店、旅馆、医院、公益事业单位及居民的相互关系。这些社会单位和公众群体虽然不一定与企业发生直接的经济、业务关系，却是企业外部经营环境的重要组成部分，对企业的生存与发展起着重大作用，是企业外部公共关系工作的重要组成部分。

④社会公益（public interest）又称"社会公共利益""社会福祉"，在企业声誉评价指标中是指社会公众都享有的、非独占的、为一个社会生存所必需的利益。在企业声誉评价指标中，它是指企业在社会公益活动中的贡献度，能够帮助企业赢得公众的广泛认可，有利于增强员工和消费者信心，提高企业市场竞争力。

（4）对于企业而言，战略传播的核心思想是通过调动自身资源，协调其内部各部门的努力，使关键受众理解并参与企业行为，从而使企业做到内部团结并提升外

---

① 王延章，张海冰. 城市智慧环保规划与设计研究 [M]. 北京：中国环境出版社，2016：79.

② 中国企业联合会. 共享和谐——解读 SA8000 企业社会责任体系 [M]. 北京：企业管理出版社，2004：259.

部形象，构建有利于企业长期发展的运营环境。[①] 在企业声誉评价体系中，品牌传播、形象公关与危机管理既是企业战略传播的三条主线，也是影响其传播效果的三大要素。

①品牌传播（brand communication）是指品牌所有者通过各种传播手段持续地与目标受众交流，最优化地增加品牌资产的过程。[②] 它是企业满足消费者需要、培养消费者忠诚度的有效手段。

②形象公关（image construction）是指公关主体通过形象主体的自然传播，或是有意识地通过大众传播、行为活动传播和人际传播进行关于自我形象的信息传播，与公关对象建立或调整相互关系的公关行为活动。[③]

③危机管理（crisis management）是指企业针对突然发生的、难以预料的问题即危机而采取的管理方式，主要包括避免危机的发生、为危机管理做准备、识别危机、遏制危机、解决危机、从危机中受益等六个步骤。[④]

尽管上述指标是针对企业声誉建设不足而提出的，但它们并非以帮助企业提高声誉排名为唯一或终极目标，而是想要为企业在声誉建设过程中提供可参考或借鉴的

① Argenti, P. A., Howell, R. A., & Beck, K. A. The strategic communication imperative[J]. MIT Sloan Management Review, 2005(3): 83-89.

② 余明阳, 朱纪达, 肖俊崧. 品牌传播学 [M]. 上海: 上海交通大学出版社, 2005: 13.

③ 白巍. 公关论 [M]. 北京: 中国经济出版社, 2009: 266.

④ 陆雄文. 管理学大辞典 [M]. 上海: 上海辞书出版社, 2013: 34.

理论依据。声誉管理是企业的立身之本，是企业管理的核心内容与环节，企业的一切管理活动都要服从和服务于声誉建设这个根本目标。[①] 企业通过声誉建设能够在市场竞争中获得更多更好的资源和平台，提升顾客的满意度和忠诚度，保持竞争优势和维护利益相关者之间的良好关系，强化生产系统和价值链在企业网络中的整合力度，有效降低交易成本。从全球企业声誉的进化历程来看，发达国家起步较早，而且理论研究和建设实践较为同步。相比之下，企业声誉在我国的萌芽与发展较晚，并且呈现出理论研究先行于建设实践的特征。从我国近30年来取得的相关成果来看，企业声誉存在着研究思维西方化、指导作用不突出、缺乏国际影响力等不足，这也导致了我国企业管理者对于相关概念与功能的理解有限、重视程度不够等一系列问题。鉴于此，一方面，我国学界应该进一步扩大视野，在充分借鉴和吸收国外先进理念的同时，继续探寻适合我国国情的评价体系；另一方面，我国企业必须注重企业声誉的提升和维护，有必要将声誉建设纳入企业管理体系中，并使之成为企业不断发展壮大的隐形力量。

---

① 石瑞勇．企业声誉管理基本内涵剖析 [J]．经济研究导刊，2019（21）：10-11.

企业声誉的哲学建构

美联储原主席艾伦·格林斯潘（Alan Greenspan）在哈佛大学演讲时说道："如果竞争是市场经济的引擎，那么声誉就是使之运行的燃料。"[①] 在当今竞争激烈的全球化市场环境中，企业声誉作为一种特有且不可替代的无形资产，逐渐显现其后发优势。对于一个企业而言，拥有良好的声誉是实现可持续发展的前提和基础，更是夺取战略性竞争优势的关键。据美国波士顿咨询公司声誉研究所发布的"2017年全球企业声誉排行榜"显示，日本的佳能集团与索尼公司凭借产品、服务、创新、工作场所、公司管理、公民意识、领导力和执行等方面的出色表现再度跻身全球十强，而且排名均比上一年有所提升。在这份百强榜单中，日本入围的企业数量仅次于美国，位列全球第二位、亚洲第一位。从企业声誉的建构方式来看，和美国企业依靠先进的生产技术和高精尖产品的研发来建构声誉的硬性做法不同，日本企业长期享有较高的国际声誉，与其管理者善用中西方哲学思想不无关系。

---

① 邓晓辉.企业研究新视角：企业声誉理论 [J].外国经济与管理，2004（6）：14.

一、人本主义视角下的声誉建构

自 20 世纪 50 年代起，日本进入经济高速发展阶段，先后出现了神武景气、岩户景气与伊奘诺景气三个连续增长的阶段。日本经济奇迹的发生，成为当代全球经济学家著书立说时必不可少的经典案例。其中，很多西方学者把日本经济的崛起归功于企业管理中的"人本主义"思想。明治维新时期，日本人在西学东渐的热潮中开始触及有别于传统儒学倡导的基于道德理想伦理的人本观。质言之，它不是道德的自觉贯彻，而是通过理智的运筹实现某种功利的目的。在传统观念与现代思维的激烈碰撞中，日本人尝试将两种迥然不同的人本观与其国情相结合，逐步建构起附有日本印记的人本主义哲学观，简单来说，它既主张儒学价值体系中的"仁知统一"，也强调西方哲学体系内的"效率原则"。

在日本，人本主义是企业文化的精髓和灵魂，也是企业管理的策略和信条，它倡导唯才是举、任人唯贤的人才观。对于日本企业的声誉建构而言，这种"人本主义"思想具有不可替代的作用，经营管理学者伊丹敬之提出，二战后，日本企业在反复摸索、总结的基础上，形成了该称之为"人本主义"的企业制度与经济组织，这是二战后日本经济成功的根本原因所在。[①] 他认为，人

---

① 汪帅东. 套路与颠覆：论日本企业声誉的哲学建构 [J]. 日本研究，2017（4）：49-55.

本主义原理的核心内容之一就是其独特的企业概念。索尼公司创始人盛田昭夫曾说："日本公司的成功之道并无任何秘诀和不可与外人言传的公式。不是理论，不是计划，也不是政府政策，而是人，只有人才能使企业获得成功。"① 松下电器创始人松下幸之助也曾说过："在事业经营中，最重要的事情是发现人才、培养人才。"②

　　"人才"一词出自《易经》的"三才之道"，意指德才兼备、具有某种特长的人，中国自古以来就奉行"唯才是举"的人才观，作为中国政治文化遗产的重要组成部分，该观念影响范围甚广，包括日本在内的东亚汉字文化圈国家几乎无所不涉，而盛田昭夫与松下幸之助所主张的人才观恰是这种哲学思想指导日本企业经营管理的体现。此外，从具有表意功能的汉字结构来看，"企业"的"企"字既蕴藏着"人于止上"的地位关系，也包含着"以人为止"的目标诉求。在共同体社会的日本，企业作为一种"以人为本"思想的具象化载体，把组织内的个体置于一切要素之首，即便管理制度、规范、章程的制定，也是以服务员工为主，以约束员工为辅，与此同时，全面给予其自由、尊严上的关注和重视，以此调动所有员工的主动性、积极性与创造性，进而实现生产效率转换。索尼公司的最大使命就是发展与员工之间的健全关系，通

---

① 盛田昭夫.日本造·盛田昭夫和索尼公司[M].伍江，霜驷，王秋海，译.北京：生活·读书·新知三联书店，1988：140.

② 松下幸之助.实践经营哲学[M].東京：PHP研究所，2001：26.

过家庭式情感的建立，增强员工的责任意识和协作意识；日立制作所则采用代表公平公正的圆形会议桌，以此昭示企业员工不分高低贵贱，与会者均可畅所欲言，平等议事。

不胜枚举的案例表明，这种"以人为本"的管理思想已然成为支撑日本企业进行声誉建构的最基本的理论依据和最核心的文化要素。不过需要注意的是，受资本主义体制影响，日本企业的人本主义管理模式也存在过分强调法人支配、编制内外有别等难以调和的矛盾，这也在一定程度上牵制着其海内外市场的声誉建构。

二、质量主义视角下的声誉建构

综观二战后世界经济发展史不难发现，日本经济的迅速崛起不仅在于生产工具的先进性，更在于生产理念的哲学性。具体而言，除质量工具外，"日本制造"的高品质离不开其传统文化中的"匠人精神"。所谓"匠人精神"，从狭义上讲是指对生产的产品精益求精、追求极致的工作理念；从广义上讲是指格物致知、正心诚意的生命哲学，也指技进乎道、超然达观的人生信念。在日本企业建构声誉的过程中，这种精进不休的"匠人精神"发挥了至关重要的作用。

得益于质量优先的管理意识和生产实践，日本企业于二战后快速实现了"物美品优"的目标，正如美国质量管理专家约瑟夫·M.朱兰（Joseph M. Juran）所说："日本人在质量方面的成就是他们建成经济超级大国的主要原因。"[1] 事实上，二战后重建之初，囿于生产技术落后，加之物质资源匮乏，日本企业生产的产品并不尽如人意，"日本制造"常因流于粗制滥造而饱受诟病，这也使得日本的对外贸易活动严重受挫。为了扭转海外营销不畅的困局，日本科学技术联盟于20世纪50年代邀请美国抽样理论与质量管理专家爱德华兹·戴明（Edwards Deming）赴日传授美国的质量管理经验及其提出的管理思想（图1-2）。在该联盟的积极推动下，日本各大企业掀起了一股质量管理热潮，嗣后十年间，不仅培训出两万余名统计质量控制工程师，而且将质量管理的概念也拓展为全公司质量管理，极大丰富了质量管理体系的知识内容。在此背景下，"日本制造"俨然成为高品质的代名词，日本企业因此迅速攻入并逐渐占领国际市场。与此同时，

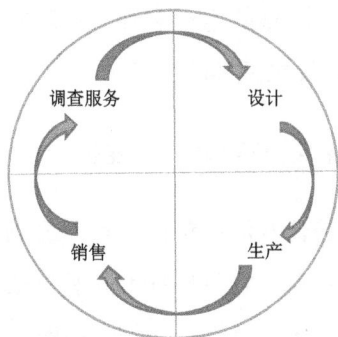

图1-2　戴明循环 [2]

---

① Juran, J. M. The upcoming century of quality[J]. Quality Progress, 1994(8): 29-38.

② 铁健司. 全面质量管理及其推行方法 [M]. 战宪斌，译. 北京：中国经济出版社，1986：3.

以"质量圈理论"为核心的管理准则也随之成为全球经济领域关注与热议的焦点。

在竞争日益激烈的现代市场经济条件下，日本企业的管理者普遍认为产品质量如同人格，质量不过硬就是人格不健全，所以他们均把质量至上的理念奉为圭臬，通过持续改善来不断提升产品品质。从全球享有较高声誉的日本企业来看，它们无不在思想上坚守"匠人精神"，在方法上遵循"墨菲定律"，即"100-1=0"的检验公式，严格执行质量标准。盛田昭夫强调："不要迷信广告万能，低劣的或时机不对的产品，靠广告和宣传也是无法推销的；而靠大幅度削价来清除存货，则是破坏企业声誉的、最坏的办法；真功夫要用在提高产品质量和抓准上市时机上。"[①]朝日啤酒株式会社成立于1889年，是日本最著名的啤酒制造厂商之一，拥有日本啤酒市场40%的占有率，它一贯秉承精益求精的生产宗旨，强调要通过最好的品质和真心的行动谋求顾客的满意。

三、集团主义视角下的声誉建构

集团意识是日本传统精神的重要组成部分，也是东方文化的核心特点，它源自日本人对公私观念的自觉与反省，贯穿于日本社会生产结构、消费结构和运转方式的整体集约化过程，强调国家荣誉、民族感情与集体利

① 白尊贤.企业文化知与行 [M].长沙：湖南人民出版社，2005：146.

益。在哲学视域下，公与私是一对领域概念，也是一对关系概念，公指代个人所属的共同体，具有集团属性，主要包括政治层面的国家共同体、社会层面的工作场所等，而私与公相对应，具有个体属性，如相对于大的共同体而言小的共同体、个人。①

第二次世界大战以降，发展经济与改善生活成为日本社会的主旋律。企业作为"公"的存在，沿用了集团主义经营模式，并通过终身雇佣制使员工与企业相与为一，成为同气连枝的命运共同体。凡有成就的日本企业无不认为，只有公私观相须而行，才能实现自我价值的最大化。滨口惠浚和公文俊平在《日本的集团主义》一书中指出："日本的自我之所以能够实际发挥集团水平的行为主体性，就是将他人和可以共感的感受性以及自我所属集团和自我同一化，自我的感情投入集团的倾向非常强烈。正因为如此，日本人可以通过集团的目标来满足自己的要求。"② 如其所述，"公"的兴衰荣辱与"私"的切身利益如水和鱼，密不可分。受此公私观念的影响，日本员工普遍具有维护企业信誉与提高企业声誉的奉公意识，为使自己所属的集团立于不败之地，他们恪尽职守，忠贞不渝。在《丰田的秘密》中，录有某位丰田员工第一次约见女婿时的谈话趣事，他说他没有其他要求，只希望女

① 王猛.战后日本人公私观的变迁 [J].日本问题研究，2017（1）：1-9.
② 转引自：叶渭渠.日本文明 [M].福州：福建教育出版社，2008：225.

婿及其家人今后都开丰田车。①

　　毋庸赘言，以丰田公司为代表的日本企业通过终身雇佣制所营造的虚拟家族感使员工产生强烈的依赖感与归属感，并于无形之中渗透了集体利益高于一切的价值观，进而激发了员工以家为企、视企如家的奉公意识。日本三菱公司的领导者认为："人类是感性的，只要尊重和关心每一位员工，员工自然会通过努力工作来回报这种恩情，从而对企业忠诚。"② 在强烈的奉公意识下，日本员工把企业视为超越一切的存在，以致主动加班变得常态化。他们把企业效益的增加、规模的壮大作为个人的奋斗目标，孜孜不倦，埋头苦干。严谨务实的工作作风，加之精益求精的工作态度，使得"日本制造"终成精品、优品的代名词，日本企业也因此赢得了良好的国际声誉，同时颠覆了资本主义传统思想的认知："一个国家个性自由主义的程度与该国的贫富有很大关系。所有的富裕国家都在个性主义一边，而所有的贫穷国家都在集体主义一边。"③

四、和敬主义视角下的声誉建构

　　"和敬"一词源自日本茶道四谛"和敬清寂"，其中

---

① 若山富士雄，杉本忠明.丰田的秘密 [M].李孙华，等译.北京：北京出版社，1978.

② 李梦媛.日本武士道民族精神与日本企业文化研究 [D].济南：山东师范大学，2015：25.

③ 叶远峰.现代企业团队建设研究 [D].哈尔滨：哈尔滨工程大学，2003：3.

"和"字既代表着外在形式的和谐，也意味着内在情感的和悦，而"敬"之意则源自禅宗主张的"我心即佛""万物皆有佛心"等心佛平等观，体现在茶道中就是"一座建立"，指参与者地位平等，彼此要相互尊重。在拙著中，由"和"与"敬"共同组成的"和敬"一词，意为人们互敬互爱，合创共享和谐气氛。

涩泽荣一被誉为"日本近代实业界之父"，他在《论语与算盘》一书中提出，《论语》加算盘就能使国家经济兴旺，这种企业文化模式，对推动日本经济的迅速发展起到过巨大作用，并在全球企业界引起强烈反响。英国著名学者李约瑟（Joseph Needham）在《中国人的世界科学技术观》中写道："古代中国人在整个自然界寻求秩序与和谐，并将此视为一切人类关系的理想。"[①] 在儒家哲学中，孔子提出一系列以"和"为内容的伦理观，譬如"和而不同""以和为贵"及"知礼而和"，它们不仅成为推动中国封建社会两千余年发展的主流思想，还在世界范围内产生着深刻而广泛的影响。在日本，"和"的概念是由遣隋使、遣唐使输入的，而后与日本传统文化相结合，形成独具日本特色的"和"文化。在日本社会关系中，"和"文化具有和谐、宽恕、容忍、接受、认可及顺从等多重意味，它支配着日本人的物质生活和精神生活，不少带有日本特色的事物被冠以"和"字，常见的有"和

---

① 转引自：张秀荣.地学哲学价值研究 [M].北京：知识产权出版社，2019：77.

歌""和服""和食"及"和扇"等。在日本企业中，维持和谐的人际关系与营造和谐的工作氛围是日本社会内部奉行的基本准则，因为企业管理者深知"和气致祥，乖气致戾"的道理。京都陶瓷公司总裁稻盛和夫认为，企业管理者应该与员工打成一片，甚至可以通过自嘲的方式增强自身的亲和力，以此营造并融入团结和睦的工作氛围。在日本，很多企业重视图书馆、足球场、篮球场等基础活动设施建设，同时通过组建俱乐部、定期组织聚餐及集体旅游等方式为员工创造更多的交流机会。这些做法既有助于团队精神的激发和巩固，也有利于和谐气氛的维护，而由"和"催生的一切也终将转化为企业形象的美化与企业声誉的美护。

　　作为"和"思想的基础和前提，"敬"文化源自中国博大精深的儒家哲学。孔子指出，君子应有九思："视思明，听思聪，色思温，貌思恭，言思忠，事思敬，疑思问，忿思难，见得思义。"[①] 作为九思之一，"事思敬"意指君子在行事时应该考虑"敬"。较之于外在表现的"恭"，"敬"是通过内在的心理及精神层面来体现的。孔子有言曰："出门如见大宾，使民如承大祭。"意为：出门办事应该时刻处于敬慎之中，待人接物不可有丝毫懈怠与不恭，它所蕴含的哲学思想对于人的主观能动性的发挥意义重大，并且具有突出的指导作用，即强调任何情况下都要

---

① 鲍鹏山. 鲍鹏山新读论语 [M]. 上海：复旦大学出版社，2009：289.

敬重他人，肯定他人的价值和尊严，做到上下有别，有礼有节。日本企业的服务意识远近闻名，这与其践行"事思敬"理念的做法不无关系。在日本企业内部，管理者按照等级秩序协调员工行为，即主张下级对上级、晚辈对长辈、销售对客户，以及本公司对外公司等，都应该以"敬"为重。对于以服务见长的日本企业而言，奉行"敬"之观念是其建构声誉的文化战略，简而言之，它既是企业健康成长的重要基因，也是企业可持续发展的精神内涵，更是企业赢得消费者认可的先决条件。近年来，日本国内物价持续上涨，迫于生产成本压力，2016年4月赤城乳业旗下一种名为「ガリガリ君」的棒冰不得不于投产25年后上调10日元（约合人民币0.6元），为此，董事长井上秀树率领公司百名员工集体向消费者鞠躬致歉。从实际效果来看，这一举措不但成功化解了经营者与消费者之间无法避免的利益矛盾，而且帮助企业赢得了国内民众的一致好评。可以说，赤城乳业的做法已然成为日本企业敬文化的最好注脚。

五、全球主义视角下的声誉建构

"全球主义"思想可以追溯到斯多葛学派的世界主义，它是一种区别于国家主义的世界整体论和人类中心论的文化意识、社会主张、行为规范。一言以蔽之，全球主义既是一种思维方式，也是一种付诸行动的主张和构建现实的规范，它包含着全球意识但并不止于全球意识，它指向社会实践，并积极介入社会现实的整合。^①全球主义的兴起是当代世界经济全球化的历史逻辑，也是人类物质文明高度发展的必然结果。日本远离大陆，是四面环海的蕞尔岛国，这种"与世隔绝"的地理格局使其很早就滋生了"见弃于世"的自卑感和危机感，与此同时伴有强烈的忧患意识与向外意识。据《隋书·东夷传》记载，早在公元600年，日本圣德太子就"遣使诣阙"，汲取先进的中国文化，此后两国交往延绵不断。明治维新以降，日本将求学对象转向更为先进的西方文化，对外交往的范畴也逐渐扩大，第二次世界大战结束后，强烈的全球战略意识渗透到日本企业的内部管理与外部经营。

受世界政治和经济格局变化的影响，自20世纪60年代起，日本企业的海外投资逐年增加，跨国经营的规模愈渐增大。从拓展的途径和模式来看，日本企业的海外投资最先起步于东南亚和拉美等发展中国家，待产品质量提升与海外运营经验丰富之后，逐渐打入发达国家市场。之所以选择该模式与途径，与日本企业的全球定位及对外战略不无关系。简而言之，尽管战后初期日本谋求成为世界经济大国，但是囿于生产技术的滞后、产品质量的低下以及他国制造商的压制，尚乏国际竞争力的日本企业不得不把发展中国家作为锻炼海外市场营销能力的实验基地，而后随着生产技术的进步，产品质量

① 蔡拓. 全球主义与国家主义 [J]. 中国社会科学，2000（3）：16-27，203.

得到大幅度提升，日本企业遂将营销目标转移至以美国为重点的发达国家市场。凭借高质量的"日本制造"，日本企业不但获得了国际市场的认可，而且赢得了消费群体的赞誉。如今，绝大多数日本企业着眼于国际市场，并把服务全球作为自己重要的经营理念（表 1-2）。面对日益激烈的国际市场竞争，越来越多的日本企业选择在海外各大媒体平台进行广告投放。2016 年 11 月，日本最大的在线电商——乐天株式会社击败众多竞争对手，与西班牙足球甲级联赛传统豪门巴塞罗那足球俱乐部达成合作意向，即从 2017 年至 2021 年担任巴萨球衣胸前广告赞助商，并于签约期间向巴塞罗那足球俱乐部每年提供 5500 万—6150 万欧元的赞助费。从上述两则广告来看，一些实力雄厚的日本企业不吝巨资，正在通过向海外市场投放高额广告的方式，积极实施品牌的全球推广战略，而这也必会推动企业海外形象的塑造以及全球声誉的建构。

表 1-2　日本企业经营理念摘录

企业名称	经营理念
松下电器	为世界文化的发展做出贡献
丰田汽车	为世界各国经济社会的发展做贡献
朝日啤酒	为世界人民的健康和实现富裕的社会做出贡献
三井物产	打造满足全球顾客一切需求的国际综合实力企业
夏普公司	为广泛的世界文化和福祉的提高贡献力量
佳能集团	为世界的繁荣和人类的幸福贡献力量

六、环境主义视角下的声誉建构

奥尔多·利奥波德（Aldo Leopold）是美国著名生态学家和环境保护主义的先驱，也是环境哲学的奠基人。他在《沙乡年鉴》中提出的"大地伦理"概念，成为 20 世纪环境哲学的核心观念。大地伦理的贡献在于将人类共同体的边界延伸到大地，包括土壤、水、植物、动物等。[①]它对以往的纯经济观照所导致的环保系统的失衡具有极大的纠偏作用，它向人类提出要把对自然的单向索取修正为索取与回报并举。从性质上来讲，这是一个倡导众生平等、消解人类中心主义的观念。

日本人常说日本没有资源，有的只是阳光和空气。面对资源贫瘠的客观现实，日本人倍加珍惜固有的自然资源。然而，20 世纪 60 年代以前，日本曾因过分偏重经济的恢复和发展而忽略了生态环境的保护，特别是经济高速增长政策的施行，导致日本能源消耗巨大，环境污染严重，甚至出现了震惊世界的"四大公害"事件，惨痛的教训让日本社会清醒地认识到，经济发展不能以牺牲环境为代价。为此，日本政府先后颁布了《环境污染控制基本法》《公害对策基本法》《水质污浊防止法》及《大气污染防止法》等一系列法规，以此防止公害的发生，实现环境保护的目的。尔后，在塑造企业形象与建构企业

---

① Leopold, A. A Sand County Almanac and Sketches Here and There[M]. Oxford: Oxford University Press, 1949: 204.

声誉的过程中，越来越多的经营者意识到，企业存在的价值不仅在于向社会提供物美价廉的产品和优质的服务，更在于反哺社会，履行社会责任，尤其要把经济利益与环境保护结合起来。为此，它们采取了"工业公害防止"措施，普遍采用清洁能源与清洁生产技术，尽量将污染及其毒性降低甚至消除。

从《公害对策基本法》到《21世纪议程行动计划》，再从《环境白皮书》到《推进建立循环型社会基本法》，日本政府一直在为企业与环境建构一种和谐、有序、畅通的正向关系而努力，这种关系反映在国家文化中就构成了独树一帜的人文标识，它不仅有助于企业取得广泛的社会信任，还有助于企业塑造良好的公众形象和赢得较高的国际声誉。2008年，日本政府继续发力，正式启动2050年二氧化碳减排50%的长远开发计划，除扩大再生资源的利用外，培育并扶持了大量低碳技术的研发项目。从近年来取得的社会效果来看，日本企业的能耗和节能技术已经居于世界前列。以佳能集团为例，绿色理念始终贯穿于产品的技术、采购、生产、销售、使用、回收、再生等各个环节，尤其是在生产过程中，佳能集团参照欧盟、美国等的相关标准，最大限度地减少二氧化碳的排放，同时对所用材料做到"零填埋"，即填埋报废品也不会污染环境。在日本企业的共同努力下，以建立低碳化社会、循环型社会和与自然共存的社会为核心的环境立国战略得以落实和执行，这也让新"日本模式"再度享誉全球，成为世界各国争相效仿的典范。

声誉建构是日本企业文化建设的重要内容，创建并
维护良好的声誉既是企业可持续发展的保证，也是企业
对外竞争制胜的要诀。从丰田、索尼等成功案例来看，
日本企业的声誉建构是一个长期连贯的、循序渐进的系
统过程，其中蕴含着中西传统文化的哲学思想，就整体
而言，它们相对独立又互为关联。一方面，人本主义强
调以人为先的管理秩序，质量主义强调精益求精的生产
原则，集团主义强调忠贞不渝的奉公精神，和敬主义强
调互敬互爱的处世行为，全球主义强调服务世界的宏观
视野，环境主义强调生态保护的社会责任。另一方面，
人本主义与环境主义是日本企业进行声誉建构的伦理基
础，二者的结合体现了日本企业坚守"天人合一"的整体
观哲学思想，和敬主义与全球主义共同彰显了日本企业
崇尚民胞物与、万物和谐的价值观，质量主义与集团主
义则是辩证唯物论指导日本企业进行声誉建构的双向表
征。概而言之，六大哲学思想的交叉融合，不但为日本
企业的声誉建构贡献了独一无二的智慧，而且也为他国
企业的声誉建构提供了大有裨益的参考。

第二章

JPN

松下幸之助的经营哲学及实践

经营哲学是企业家经营思维的基本指导思想。企业家通过经营实践积累的经验与提升的理论，反过来又会对经营思维起到指导和优化的作用。对于企业发展而言，技术力量、人力资源、资金力量及信誉口碑等都是不容忽视的要素，但只有在正确经营哲学的引导下，这些要素才能被充分调动并发挥最大功能。作为现代管理科学理论与实践的卓越成果，松下幸之助基于自身管理经验所提炼出的经营理念与方法形成了独树一帜的经营哲学，其中很多观念对于我国企业的改革和发展也颇具借鉴意义。

经营哲学的概念认知

在松下幸之助看来，经营是一门综合艺术，而且是最高层次的综合艺术。"经营"一词在我国古已有之，如在《诗经》中就多次出现，在《何草不黄》篇中载有"何人不将，经营四方"[①]，意为周旋、往来；在《北山》篇中载有"旅力方刚，经营四方"[②]，意为往来奔走；在《灵台》篇中载有"经营灵台，经之营之"[③]，此处意为筹划营谋。在现代经济管理学中，"经营"一词是在商品经济高度发展、市场规模快速扩张的大背景下被广泛使用的，在现代企业运行机制中，经营的本质在于解决企业内部条件、企业经营目标和企业外部环境三者之间的动态平衡问题。

长期以来，国内外学界围绕经营和管理两个概念的探讨从未中断，关于两者之间的关系大致存在两种划分方式。第一种是划分为两类：一是以美国学界为代表的观点，认为经营和管理是互相渗透的统一概念，质言之，经营即管理，管理即经营，并使用单词 management 或者

---

① 屈万里.诗经诠释 [M].上海：上海辞书出版社，2016：318.

② 诗经 [M].孙静，主编.天津：百花文艺出版社，2016：269-270.

③ 王文采.周易经象义证 [M].修订本.北京：九州出版社，2016：393.

administration 来表示；二是以日本学界为代表的观点认为，"经营"和"管理"是两个不同的概念，两者之间既相互联系，也相互区别，可以阐释为经营是管理思想的发展，管理发展为经营，经营高于管理，并涵盖管理。第二种是划分为三类：一是认为管理与经营是同一概念，但是近年来其含义越来越偏向于经营；二是认为经营包括管理，即经营不仅需要考虑企业外部环境与企业内部条件的平衡，还需要考虑企业内部各方面的管理与各环节作业的平衡，其侧重于企业各种活动与市场的关系；三是认为管理包括经营，经营是管理的一部分。[1] 相对于经济学而言，经营学是一门重视实用性的学科，它是研究经营活动规律、探讨经营理论与方法的学科，具体内容包括经营原理、经营思想、经营战略、经营目标、经营策略、经营机制、经营组织与管理、经营经济效益等[2]，它通常表现为企业经营决策层和主要决策者的经营思想。

企业经营不仅是一种实践活动，更是一种智慧的运用和较量。陈云同志在《身负重任和学习哲学》一文中曾说："学习哲学，可以使人开窍。学好哲学，终身受用。"[3] 哲学是关于世界观和方法论的学问，能够指导人们选择和采用正确的方法来认识世界和改造世界，正如企业战略专家贾春峰所言："哲学是启发人们智慧的，是推

---

[1] 罗国杰. 当代中国职业道德建设 [M]. 北京：企业管理出版社，1994：149.

[2] 《中国商业百科全书》编辑委员会，中国大百科全书出版社编辑部. 中国商业百科全书 [M]. 北京：中国大百科全书出版社，1993：194.

[3] 陈云. 身负重任和学习哲学 [J]. 党建研究，1990（5）：2.

动人们解放思想，解除偏见的束缚，为创造性思维的发展而开辟道路的。"学习和掌握科学的哲学，"有利于克服思维惰性，有利于把人们的潜在智慧诱发出来"[①]。在企业运营管理的场域中，精通哲学的经营者往往会在激烈的市场竞争中抢得先机，脱颖而出。一言以蔽之，经营哲学是企业经营者的制胜法宝。英国学者 K. 霍德金森（K. Hodkinson）曾说："哲学的任务在于它必须先于行动。倘若哲学家不会成为管理者，那么管理者必须成为哲学家。"[②] 经营哲学不是哲学和经营学两个学科的简单交叉，而是哲学和经营学相互渗透和融合的产物，它是哲学总体系中的一门具体学科，也是运用哲学思想和方法对经营理论和实践进行研究分析的一门科学，为经营者提供从事经营的哲学理论和方法。

关于经营哲学的定义，目前我国学者对其尚无统一的认识和定论，也无统一的概念界定。李保林在《经营哲学与艺术》一书中提出，经营哲学是关于经营观和方法论的学问，它是哲学总体系中的一门具体学科，是运用哲学思想和方法对经营理论和实践进行研究分析的一门科学，为人们提供从事经营的科学的哲学理论和方法，它的研究对象是通过对经营活动的本质与特点及其规律的揭示，研究人们关于经营活动的根本观点和方法论原则，

① 霍金森 . 领导哲学 [M]. 刘林平，万向东，张龙跃，译 . 昆明：云南人民出版社，1987：16.

② 余长根 . 管理的灵魂 [M]. 上海：复旦大学出版社，1993：37.

并且加以理论化和系统化。[①] 徐增厚和石玉亮认为，经营哲学从哲学的角度研究企业经营中的矛盾问题，是认识和处理企业经营活动全部过程和全部活动的科学的思想方法，它以人类社会中的企业经营活动为研究对象，在概括企业的生产技术、管理、营销、经营机制等理论基础之上，揭示企业经营活动和过程的本质规律的一般问题。[②] 陈国生和刘文华指出，经营哲学是指经营者对经营过程中发生的各种关系发展变化的规律性认识和树立的信念，其通常被高度概括和浓缩在企业理念、企业精神中。[③] 张燕梅提出，经营哲学是企业经营者的价值观和方法论，是企业在经营活动中对发生的各种关系的认识和价值取向，涵盖企业的经营导向、经营战略、经营策略、经营实践等领域。[④] 侯书生和余伯刚认为，经营哲学是经营思维的凝练，是经营观点的透视，是经营理念的升华。[⑤] 孟勇、张强和姚明晖认为，经营哲学是指企业在经营活动中对发生的各种关系的认识和态度的总和，是企业从事生产经营活动的基本指导思想。经营哲学是由一系列的观念组成的，如市场观念、竞争观念、效益观

① 李保林.经营哲学与艺术 [M].郑州：求实出版社，1989：3.

② 徐增厚，石玉亮.经营哲学 [M].北京：红旗出版社，1992：9-14.

③ 陈国生，刘文华.工商企业经营与管理概论 [M].北京：对外经济贸易大学出版社，2006：24-25.

④ 张燕梅.企业经营哲学 [M].昆明：云南教育出版社，2007：1-2.

⑤ 侯书生，余伯刚.经营哲学：用哲学思想引领企业的发展航向 [M].成都：四川大学出版社，2016：1.

念、创新观念、长远观念、社会观念和民主观念等。^① 林升梁强调，经营哲学指的是企业在经营管理过程中提升的世界观和方法论，是企业在处理人与人（雇主与雇员、管理者与被管理者、消费者与生产者、企业利益与职工利益、企业利益与社会利益、局部利益与整体利益、当前利益与长远利益、企业与企业之间的相互利益）、人与物（产品质量与产品价值、职工操作规范、技术开发与改造、标准化、定额、计量、信息、情报、计划、成本、财务等）关系上形成的观念、态度的总和。^②

事实上，任何事物的发展都离不开先进哲学思想的指导，市场经济竞争亦是如此，需要经营哲学的指引和指导。相关研究发现，日本成功企业家的背后都有一套独特且强有力的经营哲学。关于经营哲学的重要性，国际商用机器公司前董事长小托马斯·沃森（Thomas Watson Jr.）曾说："一个伟大的组织能够长久生存下来，最主要的条件并非结构形式或管理技能，而是我们称之为信念的那种精神力量，以及这种信念对于组织的全体成员所具有的感召力。我坚决相信，任何组织若想生存下去并取得成功，它就必须建立起一系列牢固的信念，这是一切经营政策和行动的前提。其次，必须始终如一地坚持这些信念，相信它们是正确的。最后，一个组织或者企

① 孟勇，张强，姚明晖.日本企业管理经典案例解析[M].上海：上海交通大学出版社，2017：3.
② 林升梁.整合品牌传播：战略与方法[M].北京：中央编译出版社，2017：133.

业在自己的整个寿命期内必须随时准备改变自身，以应付环境变化的挑战，但它的信念却不应当改变。换言之，一个组织与其他组织相比较取得何等成就，主要取决于它的基本哲学、精神和内在动力。这些比技术水平、经济资源、组织结构、革新和选择时机等重要得多。"① 尽管经营哲学不能为企业家在经营管理活动中遇到的难题提供一套标准答案，但作为指导企业经营活动最基本的观念和思想，它能通过改变经营者的思维逻辑而去推进问题的解决，使得所有问题都能找到相对合理稳妥的处理方式或解决方案。

① 王景利，黄臻.企业战略管理 [M].北京：国家行政学院出版社，2018：39-40.

松下幸之助的经营哲学

日本经营专家上野明曾说："能使经济增长经常保持辉煌业绩这并不容易。如果企业家掌握独特的经营哲学，并将其渗透到企业组织最底层的话，在经济低潮时就会有很强的抵抗力，景气时期发展的能力便会更加出类拔萃。"[①] 作为日本跨国公司"松下电器"的创始人，松下幸之助创立了"终身雇佣制""年功序列"等管理制度，被美国《时代周刊》尊称为"经营之神"，曾被授予"勋一等旭日大绶章"。在 70 余年的经营生涯中，他总结出大量可资借鉴的管理经验，提炼出一套言文行远的经营哲学，其中很多观念对全球企业的改革和发展也颇具借鉴意义。

一、松下经营哲学中的四大要素

（一）时间哲学

所谓时间哲学，是指经营者在解决各种问题的过程中，注重时间的验证功能和预期功能。质言之，验证功

---

① 陈国生，刘文华.工商企业经营与管理概论 [M].北京：对外经济贸易大学出版社，2006：25.

能指向"过去性",重视先例或惯例的有无;预期功能指向"未来性",崇尚创新与超越。数十年间,松下幸之助坚持每个月给员工写信,内容都是围绕近期发生的事件谈自己的感受,每封信件都会被装入当月工资袋发放给员工。在领到工资袋之后,员工通常会先阅读信件,很多人甚至会把这些温暖、感人或励志的信件带回去与家人分享。对于松下幸之助的做法,员工们倍感舒适和亲切,他们表示尽管平日见到松下幸之助的机会不多,但这些信件使彼此从未产生情感上的隔阂和疏离,反而时间越是长久,亲近感越浓烈。

（二）系统哲学

所谓系统哲学,是指经营者在解决问题的过程中,注重全面性、科学性和系统性。松下幸之助认为,企业的继承者有必要认真学习和研究创始人和上一代管理者的经营理念并使之系统化。在筚路蓝缕的创业阶段,为取得事业上的成功,创始人披星戴月地拼命工作是常态,他们难有余力将创业过程中逐渐形成、修正并趋于完善的经验文字化,因此,梳理和总结经营理念的重担自然就转嫁到次代继承者的肩上,这些经过系统化、理论化、书面化的宝贵经验为企业发展提供了正确的指导思想和行动方向,不但有利于避免以管理者主观的价值判断来代替客观事实的纰缪,而且有利于从整体上观察和解决问题,不易出现头痛医头、脚痛医脚的舛错。

（三）权威哲学

所谓权威哲学，是指经营者在解决问题的过程中，注重权威的来源。松下幸之助指出，企业继承者要踵事增华，学会利用创始人的绝对权威，尤其在表达某些想法或制订新的计划并希望员工认真贯彻执行时，可以假借创始人的口吻上情下达。事实上，这种做法早在德川幕府时期就已极为常见。例如，第二代将军德川秀忠就常以德川家康的名义表达自己的观点和想法，此后各代将军也均效仿此举，这也被很多学者视为德川王朝屹立300余年不倒的关键。有鉴于此，松下幸之助主张企业经营者应该学会利用上一代的威望激励员工不忘初心，砥砺前行。

（四）人性哲学

所谓人性哲学，是指经营者在解决问题的过程中，注重"人本主义"，强调以人为本。"造人先于造物"是松下幸之助的人才观。松下幸之助曾说："松下电器在制造人才，当然我们是在制造电气产品，但是在这之前，要先培养人才。制造好的产品当然是公司的使命，但是为了达到这个目的，必须先培养适当的人才。"① 他认为，应该将这些人才视作企业的主人，尊重他们的价值观念，激发他们的主体自觉性。为此，松下幸之助制订了在职

---

① 松下幸之助.经营人生的智慧（下）[M].任柏良，陆虹，译.延吉：延边大学出版社，1996：217.

训练指南，并交由宫木勇编著了《松下电器的在职训练》一书。同时，松下幸之助强调："公司要发挥全体职工的勤奋精神，必须使各自的生活和工作两方面都是安定的。因此，'高效率、高工资'是我们公司的理想，虽然不能立即达到，但要尽一切努力促其实现。"[①] 这个人性化培养机制的建立也为松下公司打开了一扇通往经营成功的大门。

二、经营哲学观照下的经营思维

经营哲学是企业家经营思维的基本指导思想，质言之，企业家通过经营实践所总结的经验和提炼的理论，反过来又会对经营思维起到指导作用。所谓经营思维，是指企业全体员工（尤其是经营管理者）在发现问题、分析问题与解决问题时抱有的普遍想法或思路，一般具有逻辑性、多样性与隐蔽性等特点。在经营哲学的视域下，松下幸之助的经营思维可以概括为如下四点。

（一）直接思维与间接思维并重

所谓直接思维，是指毫无畏惧地面对现实、正视矛盾，风度与品格显得光明磊落的思维方式；而间接思维就是巧妙地面对现实、转移矛盾，风度与品格显得机智多谋的思维方式。在松下幸之助的管理日记中载有这样一

---

① 高田雄吉.经营圣哲　松下幸之助　管理突破全书[M].刘景文，编译.北京：光明日报出版社，2002：384.

则故事：某眼镜店老板经常给他写信，目的是请求为他配副眼镜。起初，松下幸之助以为这位老板只是想利用他的知名度为眼镜店做广告，因此始终没有给予正面回应。然而，这位眼镜店老板从未放弃，一次松下幸之助抱着好奇心前往店中，结果发现该店完全可与日本最好的眼镜店相媲美，简而言之，无论是现代化程度还是产品质量都很高。眼镜店老板认为，松下幸之助作为日本著名企业家，经常到国外出席重要会议，但其所佩戴的眼镜做工粗糙，严重影响了日本眼镜行业的声誉，所以他迫切希望能够为松下幸之助重新配副眼镜，以为日本眼镜行业正名。对此，松下幸之助恍然大悟，一位真正成功的企业家，绝不能以直接思维或间接思维单向性地判断他者意识或指导自我行动，必须坚持两种思维并重，才能实现企业不断壮大和可持续发展的目标。

（二）正向思维与逆向思维并用

正向思维就是人们在创造性思维中，沿袭某些常规去分析问题，按事物发展的趋势进行思考、推测，是一种从已知进到未知，通过已知来揭示事物本质的思维方法。而逆向思维是对司空见惯的似乎已成定论的事物或观点反过来思考的一种思维方式，倡导反其道而"思"之，让思维向对立面的方向发展，从问题的反面进行探索的思维方法。松下幸之助认为，只顾讨好批发商和消费者而不坚守经营原则的企业是难以获得信赖的。松下曾回忆说，在他第一次前往东京推销插头时，批发商在看过产品后想把2角5分的定价降至2角3分，但松下解释称，产品的成本是2角，加之他们员工努力地生产，产品的价格是相当合理的，所以他并没有为打开东京市场而降低定价。对于批发商而言，松下的做法有些执而不化，但是他也因此赢得了更多的尊重和信赖。松下认为，假如销售伊始抬高售价，尔后有人还价就削价，那么购买者很难确定应以怎样的价格成交，进而陷入矛盾境地。

（三）共性思维与个性思维并举

共性思维就是遵从最普遍的规律、适应大多数人的观念，风度与品格显得随和的思维。个性思维就是根据普遍规律的特殊表现，从与众不同的观念出发来进行推理，风度与品格显得独具特色的思维。在日本企业界，经营者普遍认为人才是企业生存发展的第一要素，可以说，"企业即人"是日本企业经营者的共性思维。松下幸之助也不例外。他强调企业的发展和壮大离不开优秀人才的支持和推动，所以企业必须重视优秀人才的引进和培养。但与此同时他也意识到，越优秀的人才要求越多，成本越高，管理越难。因此，松下公司有个不成文的规定，即不招90分的顶尖人才，只招70分水平的中等偏上的人才。换言之，就是不选最好，只选最有潜力与最适合的人才，当然，也不是说坚决弃录最好的人才，而是不去刻意招揽最优秀的人才。在松下电器成立之初，囿于经济实力较弱与企业知名度较低，只能挖到供职于三井、三菱等大企业的次级人才，而在松下幸之助看来，他们才是推动各自企业迅速发展的最大功臣，因为他们不但拥有追逐顶尖人才的强大动力，而且容易融入团队，依靠团队力量完成任务，更重要的是他们都心存感激，甘愿为企业发展竭忠尽智。

（四）感性思维与理性思维并存

感性思维指的是盲目的崇拜与缺乏理论系统性的思维方法，具有自然形成、敏感、自发产生、自动执行、孤立片面、分散并行等特点。理性思维是一种有明确的思维方向，有充分的思维依据，能对事物或问题进行观察、比较、分析、综合、抽象与概括的一种思维。[①]松下幸之助曾说："即使是个人的企业，在制定企业方针时，也决不能站在个人的立场、个人的利益来考虑。必须从'自己所做的事业对大众生活产生何种影响，是有益还是有害'的观点来衡量和判断。"[②]由此可见，松下幸之助在经营企业的过程中，始终坚持集体主义道德导向，营利不是企业发展的唯一目标，促进员工之间的凝聚和协同也是企业存在的价值，当然这种协同并不是要取消差别和竞争，一个集体内部如果没有差别、毫无竞争，是难

① 汪帅东. 知以藏往：松下幸之助的企业哲学观 [J]. 企业管理，2018（4）：40.
② 张海霞. 商务与管理沟通 [M]. 北京：中国经济出版社，2006：409-410.

以向着更高的层次发展的。因此，保持差别和竞争既是集体发展的客观需要，也是集体主义价值导向中的应有之义。但需要注意的是，差别必须合理，竞争必须文明，要以有利于集体发展为准绳，将协作与竞争辩证地统一起来。

松下幸之助始终认为，有对立才有存在。只有调和正反、对立，才能真切感受到自己存在的价值以及生存的绝妙滋味。[①] 诚然，经营与管理实践离不开哲学辩证思维的指导和支撑。正如霍金森所言："管理者必须自己去研究哲学，而不是让别人去研究，自己则不闻不问。"[②] 经营管理者在面对和处理庞杂的事务时，只有通过仔细的观察和体悟，结合科学的分析、思考和判断，才能分清主次、统筹兼顾并且取得实效。相反，如果在管理过程中，缺乏哲学的思考与审时度势的智慧，遇到经营上的困难很可能会毫无头绪，张皇失措，更谈不上能够取得多么辉煌的成就。因此，对于企业经营管理者而言，培养哲学思维能力在企业发展过程中具有十分重要的价值和意义。

---

① 罗锐韧. 松下幸之助管理全集：第二卷（人生智慧）[M]. 北京：企业管理出版社，1998：231.

② 柳斌，舒达. 21世纪素质教育实施全书 [M]. 北京：长城出版社，1999：287.

经营哲学的实践化

经营理念，是企业经营管理和处理企业各种矛盾中的指导性观念，也是企业哲学思想的最集中体现。如果企业管理者具有正确的经营理念，那么就可据此施行强有力的组织领导，反之管理者很有可能会被主观情绪操控和牵绊，无法做出准确的判断和决定。在经济学中，经营理念包括一系列因素，如图 2-1 所示：

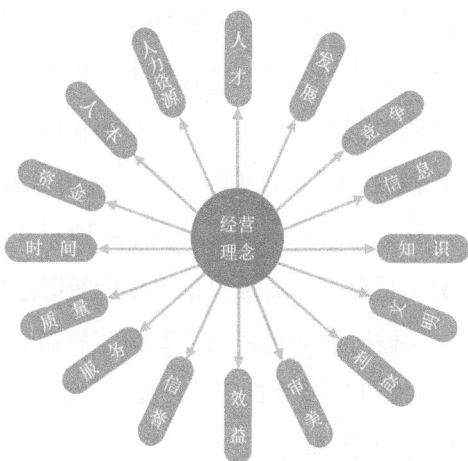

图 2-1　经营理念因素

松下幸之助说："企业家要能看清什么对公司是至关重要的，确定主面，负起重大责任，做不到这一点，不能算是真正的企业家。"① 他认为，对于一个企业而言，技术力量、人力资源、资金力量及信誉等都是不容忽视的因素，但最需要的还是正确的经营理念，只有经营理念准确可行，才能有效调动其他因素并使其发挥最大功能。在企业哲学观照下，松下理念体现在如下价值观上。

一、为家为国

松下幸之助认为，人在年幼时需要父母的抚养与社会的培育，成年后应该积极回报家人和社会，企业也不例外。究其原因，企业离不开国家和社会，国家和社会也离不开企业，从企业经营者的角度考虑，社会在为企业创造需求的同时，也为企业提供了充足的资源和良好的环境，所以企业应该对国家和社会负责。在松下幸之助看来，经营企业与经营人生在本质上类似，这也是松下理念最简明的逻辑。他认为，一家刚起步的小企业或许无力回报国家和社会，但至少不能危害国家和社会，待企业发展壮大后，就不能再把不危害国家和社会作为存在的前提和目标了，而是应该竭尽所能回报国家和社会。为此，他提出："企业经营的基本使命就是不断地开发出适合于人们生活需要的优质产品，并以适当的价值，丰富而充分地贡献给社会。"②

---

① 阮明泽，邱叶. 松下经营理念精华——松下幸之助选才、育才与用才文选 [M]. 北京：学苑出版社，1988：21.
② 王月辉. 日本企业市场营销战略 [M]. 北京：科学技术文献出版社，2005：38.

二、不欺暗室

松下幸之助从创业之初就向员工公开公司的盈亏状况，但因当时日本企业并无采取类似做法的先例，所以员工对此举疑信参半。路遥知马力，日久见人心。事实证明，松下幸之助是一位披心相付、赤心相待的企业家。在看到与之付出匹配的数据后，企业员工踔厉风发，士气大振，业绩节节攀升，企业发展如丸走坂。在日本，这种经营活动公开、透明，对每一位员工充分开放的做法被称作"玻璃式经营法"，它不仅可以有效约束和规范个人行为，形成一种公众监督的机制，而且能够提高员工工作热情，并有效化解劳资双方间的矛盾和冲突。

三、笃志好学

松下幸之助自认为短见薄识，所以每次遇到难题都会坦诚地向他人求问讨教，即便日后被称为"经营之神"，也从未忘记钝学累功之道、以学愈愚之理。他主张，企业家应该认真地寻找自己的短板，通过对管理经验的积累、反省和总结，不断地填补自身的知识缺口和完善自身的知识体系，在企业内部建立自我修复机制，以此持续增强企业抵抗外部风险的能力。与此同时，应该参悟世事的变幻无常，既要活在当下又要着眼未来，在混沌中探索前进方向，以坚强的意志和宽容的心态带领自己的队伍奔向成功的彼岸。

四、责无旁贷

松下幸之助认为，企业管理者要积极发扬民主作风，不可让员工产生依赖上司的心理。为此，管理者必须给予部下相应的指导和教诲，使员工以舍我其谁的责任感认真工作。与此同时，企业管理者也要责无旁贷，即便是集体做出的决定，也需要由部门最高责任人来决定是否予以采纳，最高负责人必须要有勇于负责的态度，尤其在关系企业前途的关键时刻更要当仁不让，只有秉持"事不成均在我"的责任意识，才会不断增强企业凝聚力，进而大刀阔斧地开展工作。

五、与时俱进

管理者在制定企业发展战略的过程中，应时刻关注和认真分析海内外市场环境的变化，并据此及时调整企业的发展战略，做到与时俱进，新益求新。与之密切相关的经营理念亦是如此，而据其制定的决策方针和竞争战略更需要因时而进，因势而新，尤其在产品研发和技术创新日新月异的新时代，许多历史悠久的"老铺子"一仍旧贯，墨守成规地沿用传统思想进行经营和管理，年深岁久难免日渐式微。对此，松下幸之助提出，企业家在拥有正确经营理念的同时，绝不能满足于现状，裹足不前，而是应该未雨绸缪，常备不懈，根据不同时期的不同特点制定与时俱进的战略方针和决策。

六、顾客至上

顾客是企业生存的根本，企业的生存价值就是为顾客创造价值，提供良好的产品与服务，顾客需求是企业生产经营活动的出发点。毋庸赘述，企业竞争的实质是对顾客的争夺，能否刺激顾客的购买欲望并赢得顾客的青睐，决定着企业的兴衰。唯有把顾客视作亲人，抱诚守真，赤诚相待，才能促使企业蓬勃发展，持续向前。因此，热情地接待顾客并与之诚恳地沟通，进而掌握顾客的需求并给予持续满足，是企业能够长期吸引顾客的不二法门。对此，松下幸之助指出，能够将初次消费的顾客发展为常客，是企业持续发展的成功之道。

综上所述，作为现代管理科学理论与实践的卓越成果，松下幸之助基于自身管理经验所提炼出的经营理念与方法，以及由此建构的企业哲学，不仅为自身企业的壮大奠定了坚实的理论基础，而且为海内外企业的发展提供了有力的智力支持以及可供效仿的操作范式，其中很多观念对于我国企业的转型改革也颇具借鉴意义。因此，我们有必要从基本国情出发，对松下幸之助的企业哲学展开多维度探究，深入挖掘其所包含的文化价值、学术价值及应用价值，以期为我国企业参与国际市场竞争提供更多的智力支持和决策参考。

JPN

CHAPTER 3

在享誉全球的日本经营四圣中，本田宗一郎是全球第二位荣获美国机械工程师学会颁发的荷利奖章的汽车工程师，被现代工业界誉为"亨利·福特以来最杰出最成功的机械工程企业家"。原日本商工会议所所长五岛升曾说："在战后，日本的所有经营者里，属于真正创造财富的人有两个，一个是索尼公司的井深大，另一个就是本田技研的本田宗一郎。"[①] 作为本田公司创始人，本田宗一郎依靠敢想敢干的胆识和百折不挠的精神，带领员工将企业从一家寂寂无名的摩托车修理店逐渐发展为誉满全球的大型汽车生产集团和摩托车跨国公司。卡迪夫大学商学院教授加雷尔·里斯（Garel Rhys）评价称："本田的经验证明，较晚进入一个行业的企业依然可以凭借制造工艺的独创性、精明的管理，以及源源不绝的产品而立足。"[②] 他认为，尽管本田公司在汽车领域起步较晚，但是它毫不逊色于世界上任何一家汽车制造商。在美国《财富》杂志发布的"2018年世界500强排行榜"中，本田公司依靠庞大的企业规模与可观的销售收入再度跻身前30强，位列全球汽车行业第六位。无独有偶，在美国波士顿声誉研究所发布的"2018年全球企业声誉排行榜"中，本田公司凭借产品、创新、公司管理、领导力等方面的出色表现再度入围百强，并且高居行业第二位。通过对相关文本的梳理和解读能够发现，本田公司之所以会在软实力和硬实力的同步建设中取得巨大成就，实则与本田宗一郎管理哲学思想的嵌入与继用不无关系。

① 江伟. 匠人哲学：日本四大商圣的商道法则 [M]. 北京：中国华侨出版社，2017：232.
② 刘海鹰. 日本经营四圣的人生智慧 [M]. 北京：九州出版社，2010：119.

管理哲学的概念认知

"现代管理之父"德鲁克认为："管理就是界定企业的使命，并激励和组织人力资源去实现这个使命。界定使命是企业家的任务，而激励与组织人力资源是领导力的范畴，二者的结合就是管理。"[①] 加拿大学者克里斯托弗·霍奇金森（Christopher Hodgkinson）提出，管理既是一种最古老、最高尚的职业，又是一种最基本的职业。它部分是艺术，部分是科学，然而它始终是人文科学的核心。[②] 可以说，企业管理是一种意志与理性交互作用的复杂行为，或除技术、手段、方法等硬性要素外，还包括企业思想、精神、共同理想与价值观等涉及管理哲学的软性要素。其中，管理哲学产生于管理学与哲学的交接点，是这两门学科相互渗透、相互结合的理论产物，是对管理本质及其精神内核的规律性总结，是企业或者组织系统化、理论化的世界观、价值观和方法论，它提炼于管理实践及其经验，又对管理实践具有极强的反哺

[①] 李劲 . 德鲁克谈管理 [M]. 深圳：海天出版社，2011：35.
[②] 霍金森 . 领导哲学 [M]. 刘林平，万向东，张龙跃，译 . 昆明：云南人民出版社，1987：16.

作用。

自 20 世纪 70 年代起，日本经济的高速发展引起了美国政府、学界与商界的高度重视，他们对日本经济展开的多维探索掀起了一股日本企业文化研究热潮，其中影响较大的著作有埃兹拉·沃格尔（Ezra Vogel）撰写的《日本名列第一——对美国的教训》、理查德·帕斯卡尔（Richard Pascale）和安东尼·阿索斯（Anthony Athos）合著的《日本的管理艺术》、托马斯·J. 彼得斯（Thomas J. Peters）和罗伯特·H. 沃特曼（Robert H. Waterman）合著的《追求卓越》以及特伦斯·E. 迪尔（Terrence E. Deal）和艾伦·A. 肯尼迪（Allan A. Kennedy）合著的《企业文化：企业生活中的礼仪与仪式》等。[①] 这些学者通过比较研究发现，成功的企业管理是日本经济取得跨越式发展的重要原因之一。质言之，与美国企业强调硬性的科学管理不同，日本企业在管理过程中更加重视企业文化的培育和运用，譬如员工正向价值观念的养成、人际关系的调和以及凝聚力、向心力的强化。尽管上述著作并未把日本企业文化擢升到哲学的层面进行论述，但其探讨的问题已经触及管理哲学的范畴。事实上，早在 1923 年，英国管理学家奥利弗·谢尔登（Oliver Sheldon）就撰写并出版了《管理哲学》一书，该著作被公认为管理哲学学科的奠基之作，我国学者刘敬鲁更是将其视为第一部"系统

---

① 谢尔登. 管理哲学 [M]. 刘敬鲁，译. 北京：商务印书馆，2013：285.

提出和探讨管理哲学许多重要问题的著作"，因此他将奥利弗·谢尔登称为"第一位真正意义上的管理哲学家"①。谢尔登在书中提出："管理对工业的指导作用主要在于一些科学原则和伦理原则，而这些原则的具体应用只起次要作用。因此，本书不是从事于阐述某一种特殊的管理，而是试图阐明统治整个管理实践的目的及发展路线和原则。"②可见，谢尔登把管理哲学视作一般管理，而非个案式的特殊管理，其研究对象是整个管理实践的目的和发展路线，是包含管理本质论、管理意义论和管理规律论的管理学科，主要解决的是"何为管理""为何管理"等深层次的问题。③

管理哲学是对管理学基本原则的批判和反思，是管理者对管理进行个性化的哲学思考的理论表达。管理哲学不仅能够帮助企业更快更好地适应外部环境，而且还能够妥善处理企业内部问题，实现资源的合理配置，最终实现企业目标。尽管作为企业行为的指导思想，管理哲学的功能和作用举足轻重，但很多企业家忽视了管理哲学的存在及运用。管理哲学普遍建立在特定的文化传统和民族精神之上，不同的历史传统和自然环境会孕育

① 李培挺，张守连.破"科学管理"，立"管理哲学"——"科学管理"背景下谢尔登管理哲学基本定位初探 [J].管理学报，2011 (10)：1451-1456，1461.

② 转引自：苟欢迎，刘文瑞.管理哲学的探索者：郎特里和谢尔登 [EB/OL].（2006-11-08）[2019-05-20].http://finance.sina.com.cn/leadership/mrlzy/20061108/18043061163.shtml.

③ 刘江宁，周留征.企业哲学的历史演进、分析框架和功用研究 [J].山东社会科学，2017 (1)：145-150.

不同的民族精神和民族文化。日本是由单一民族构成的国家，孤立的地理环境，贫乏的物质资源，以及频发的台风、地震等自然灾害，造就了日本民族与生俱来的危机感及其催生出来的群体意识，这些内容也深刻影响着日本企业的管理思想和经营方式。在日本，有学者把1643年宫本武藏撰写的《五轮书》作为日本管理哲学兴起的原点，但是从内容来看，宫本武藏在叙述过程中并未把"农商士工"的谋生之道提升到理论层面，因此也无法从哲学的高度来看待。从既有研究成果来看，能够代表日本经营步入管理哲学阶段的应为江户末期著名思想家石田梅岩提出的道德与营利并行不悖的论说，即在商业活动中追求利润并不是罪恶，但做人必须诚信，行商必须正直，绝不能有卑劣的思想和行为，对此，他有意强调行商中伦理道德的重要性，主张经商应该做到你我双盈，即"企业应该追求社会正义，企业人应具有高尚的伦理观"。① 这种以"町人伦理"为基础构建的"商人之道"不仅使明治维新前后日本工商业者的管理意识有所提升，而且对现代日本企业家管理哲学思维的精进及其理论化产生了积极的推动作用。

---

① 稻盛和夫. 稻盛和夫的实学　经营和会计 [M]. 吴辉，译. 南京：译林出版社，2005：111.

本田宗一郎的管理哲学

在信息化、网络化、数字化和智能化高度发达的时代背景下，企业之间的竞争不再局限在产品本身上，越来越多的消费者开始关注潜藏在产品背后的企业文化。如何建构有影响力、传播力和号召力的企业文化，已然成为各大企业认真思考和着力解决的重要课题。如前所述，在全球企业形象、企业声誉等各大排行榜中，日本企业进入榜单的数量均位居前列。穷原竟委，这与其享誉全球的企业文化不无关系。企业家的管理能力对于企业文化的塑造与建构至关重要，是影响其企业文化的关键因素。譬如，成为全球企业各类排行榜宠儿的本田公司就在企业文化建设中起步较早，并形成独树一帜的风格，这归功于创始人本田宗一郎在管理过程中对哲学思维的孕育及运用。

不胜枚举的事例证明，哲学对于管理实践具有极强的指导作用。凡哲学都是时代的产物，时代在呼唤着哲学家们投身于现实，对各种现实问题做出回答。正如马克思所言："必然会出现这样的时代……那时，哲学对于其他的一切体系来说，不再是一定体系，而是在变成世

界的一般哲学，即变成世界的哲学。"[①] 在现代企业文化建
设中，越来越多的管理者注意到哲学对企业管理所具有
的巨大作用，并开始注重哲学元素的吸收和导入。

一、共生哲学

整体与部分是辩证统一、互为存在条件的。整体由
部分组成，部分制约整体，关键部分的功能及其变化甚
至对整体的功能起决定作用，因此应该重视部分的作用，
利用部分的发展推动整体的发展。企业与员工就是整体
与部分的关系。企业生存首先要处理好与员工的关系，
对此，本田宗一郎有着极其深刻的认识。他认为，只有
依靠员工，企业才得以发展和壮大，所以企业有必要为
员工搭建一个平台，让员工在这个平台上不断成长，最
大限度地施展才能，实现个人价值。在新员工的入职培
训中，本田宗一郎总会强调："我经常说你们不能是为
了公司而来工作。也许你们是本着为公司而工作的决心
而来，这确实让人钦佩。但是为了自己才来工作是一个
绝对条件，大家在拼命工作的同时，公司也不断向上和
良性发展。但是如果仅仅是公司发展好了，却牺牲了自
己……我是决不赞成的。"[②] 可见，本田宗一郎认为，员工
入职本田公司，应该为自己而努力工作，而非考虑为企

---

① 刘解军.中国教育创新与特色学校建设理论与实践（上）[M].北京：光明日报出版社，2003：903.

② 简军.日本经营四圣 [M].武汉：华中科技大学出版社，2013：222-223.

业做出多大的贡献。只有当作为个体的员工成长起来时，作为整体的企业才能赢得更多的机会，获得更好的发展，所以新员工完全不必因自己有这种想法而担心企业管理者会心生芥蒂，从而使自己陷入被动的境地。

二、洪水哲学

本田宗一郎之所以被认定为管理哲学家，是因为其在经营与管理过程中生成一种逆向思维的逻辑，就是考虑问题的思路，处理事情的方式、方法与一般人截然不同，因而所得出的结论和做出的决定、决策及采取的战略、策略与众不同。提起"洪水"，很多人第一时间联想到的是洪灾及其带来的损失和伤亡。在东亚国家，洪水出现频率高，波及范围广，来势凶猛，破坏性极大。然而，本田宗一郎却从洪水中体悟出一套狼性哲学。他欣赏洪水的破坏力和爆发力，他一生特立独行，最不喜欢安于现状、墨守成规的人，他认为，企业在发展壮大后，不能安于现状，丧失主动发展机会，而应在竞争激烈的市场环境中，积极推向国际化经营。对此，有必要每隔一段时间就故意制造冲击，逼迫企业不断向前，以此促使企业更好地发展。正因为如此，他行事不按常理出牌，而是经常用自己想出来的独特方法解决问题，突破困境。在这套洪水经营哲学的指导下，本田有意识地让支持组织目标实现的冲突产生，以此来达到增加组织绩效的目标；建立认可适度冲突的组织文化，让员工理解，只要是有助于启发思维、完善组织行为的冲突都是应该提倡的；
适当引进外部人才能够激发冲突水平；设立和调整组织结
构，提升冲突发生的频率和强度，让思路在反复熔炼之
后转化为能够创造效益的真金。①

三、消费者中心哲学

在现代营销观念中，市场被视为消费者，市场营销
观念是消费者主权论的体现。该观念认为，实现企业诸
目标的关键在于正确确定目标市场的需要和欲望，一切
以消费者为中心，并且比竞争对手更有效、更有利地传
送目标市场所期望满足的东西。哪个企业能够获得消费
者的肯定和信赖，它就能够持续发展并站稳市场。有头
脑的企业家、经营者无不以消费者的需求和欲望为导向，
把消费者当作上帝，所有生产经营活动的开展都是为了
服务消费者和满足消费者。他们通过各种媒介或者渠道
树立企业在消费者心目中的美好形象。自创立之初，本
田公司就一直本着"让世界各地的顾客满意"的理念，即
以顾客为中心、以顾客为导向不断开拓自己的事业。本
田宗一郎曾指出："一切的一切都始源于相互尊重，经营
企业也是如此，不尊重顾客的企业绝不会有发展。"②他在
1980 年接受神圣勋章颁奖时，重述了本田公司围绕服务

---

① 《现代管理词典》编委会. 现代管理词典 [M]. 2 版. 武汉：武汉大学出版社，
2009：339.

② 闻欣颖. 最管理——管理大师的管理习惯和管理智慧 [M]. 武汉：华中师范大学出
版社，2011：150.

社会而制定的基本方针，譬如以社会的视野来进行工作，提供给社会更低廉且性能更优秀的产品，重视实证并顺应社会的需求等。[①] 为此，本田公司不仅建立了广泛的销售服务网络，还建立了在当地生产和研发新产品的一整套体制，致力于生产优质产品，并不断精益求精，日臻完善。

在世界政治多极化与经济全球化的时代背景下，企业家需要有放眼世界的视野和胸怀，因为产品只有走向世界才能拥有更大的市场，企业也才能逐渐发展为世界级的大企业。同时，商品经济时代是自主经营经济、竞争经济的时代，任何企业都必须在竞争中求生存，在竞争中求发展。[②] 大凡有远见卓识的成功企业家，他们与一般人有别的地方就在于他们拥有应对市场风云变幻的冷静头脑和锐利目光，以及挖掘潜在市场、开发市场、创造市场、赢得市场的经营之道。本田宗一郎便是如此，他在管理过程中对哲学思维的孕育及运用是其获得成功的秘诀之一。

---

① 本田宗一郎.本田宗一郎"每日一话"[M].朱晓萍，译.台北：银禾文化事业有限公司，1987：37.

② 杨淑华，江镕，江山.世界名车之父——本田宗一郎[M].长春：北方妇女儿童出版社，2004：125-126.

第三节

管理哲学的实践化

汽车工业是日本现代经济的重要支柱之一，战后经济的复苏和繁荣在很大程度上依赖于汽车工业的高速发展。在创办和管理企业的过程中，本田宗一郎注重不同文化的有机融合，他倡导以文化辅助企业管理，以管理塑造企业文化，坚持集体与个体并重，盈利与贡献共生，这种管理模式恰与"管理哲学之父"查尔斯·汉迪（Charles Handy）提出的"文化合宜论"高度契合，也被全球众多经济学者所认同和肯定。从形成机制来看，本田公司的管理模式是本田宗一郎管理哲学实践化的结果；就内在关联而言，本田宗一郎管理哲学源自管理实践过程中的经验积累，而后又反作用于管理实践的每个环节，对管理实践具有重要的指导意义。

一、以质量主义为核心的生产标准

20 世纪 80 年代，"日本制造"之所以能够享誉全球，关键在于对品质近乎完美的追求，这一点也在本田公司的生产实践中展现得淋漓尽致。"只有做强，才能做大"是本田公司的经营理念。本田宗一郎认为，只有产品质量过硬，才能真正赢得顾客的信赖和青睐，也才能使企业在残酷的行业竞争中立足并稳健发展。如果无法确保产品质量，企业将很快失去信用，从而形象与声誉尽毁。关于产品的质量问题，本田宗一郎曾有切肤之痛，当时以卡布 F 型为代表的主打产品因存在缺陷而出现滞销，过多的库存使得斥巨资购入设备的本田公司骤然坠入岌岌可危的境地。在经历了惨痛的教训后，本田宗一郎在质量把控方面投入了大量的心血和精力，对产品质量提出了近乎苛刻的标准和要求，公司规定不合格的产品必须返工。为了确保产品质量，公司要求生产线上的所有员工在上岗之前必须参加生产工艺和质量标准的培训，上岗后严格遵照执行"谁制造，谁负责"的追责制度，以此将质量控制落实到生产实践的各个环节。此外，公司还斥巨资建成了全球最先进的整车出厂质量保证检测线。对此，本田宗一郎强调："每个作业者都自己肩负质量控制的责任，而不是靠专职质检员去把关监督。良好的员工素质、标准化作业、完善的加工检验设备、严密的质量保证体系是产品质量的有效保证。"[1]

二、以顾客至上为理念的服务模式

"职人气质"带给本田宗一郎的管理哲学的影响不仅体现在生产的过程中，还反映在待客的态度上。顾客需

① 陈荣秋. 现代生产运作管理 [M]. 北京：北京师范大学出版社，2008：119.

求是企业经营活动的出发点，是企业的生存和发展之根本。本田公司是一家基于顾客立场评价质量的典型企业，始终本着"让世界各地顾客满意"的理念不断拓展事业。本田宗一郎认为："最了解产品价值和最后有资格对其做出评判的不是我们生产商，也不是经销商，而是那些在日常生活中使用和购买我们产品的消费者。消费者购买一个产品后感到满意的喜悦之情，是产品价值的荣誉之冠。我相信，我们公司产品的价值，不但存在于消费者对我们产品的宣传和自负中，而且能够让购买我们产品的消费者感到满足和喜悦。"① 为了提高顾客的满意度，本田公司制定了一套新车质量调查（Initial Quality Study，简称 IQS）评价体系。在售后服务方面，本田公司建立了一套包括整车销售、零部件供应、售后服务、信息反馈在内的"四位一体"的服务网络。对于销售人员，公司施行了严格的岗前培训，包括服务理念、顾客接待、保修整车、部件知识、服务流程、用户档案的制作和管理、维护保养技术、诊断技术及前台接待等。对待消费者，本田宗一郎始终强调要把顾客视作上帝，以至诚之心提供服务，为此，他还专门制定了让生产者高兴、销售者高兴、购买者高兴的"三高兴"原则。此外，他极其重视榜样的力量，因而总是以身作则，以上率下。他曾在洗手间见到一位顾客掉落了牙套，他毫不顾及自己的身份，

---

① 王蕾，李丽萍．管理学教程习题与案例集 [M]．3 版．上海：上海财经大学出版社，2011：131．

附身拾起并将其冲洗干净，顾客对此举感动不已，这个故事后被众多商学院作为经典案例编入教材。

三、以自主创新为手段的发展思路

机械工程师出身的本田宗一郎，始终致力于技术和产品创新，这种创新精神也渗透在其管理思想中。本田宗一郎认为，无论做什么事情，模仿是最容易、最便捷的途径，但在强手如林的国际市场竞争中，模仿只会带来极其短暂的经济利益，企业若想生得更久、攀得更高、走得更远，就必须在核心技术上力求创新和突破，不断开发和生产拥有自主知识产权的产品，切不可急功近利、饮鸩止渴。在本田公司逐步发展壮大的过程中，本田宗一郎始终殚精竭虑，惨淡经营，对新技术、新产品的渴望和追求从未中断。他说："创业家必须主动确定未必可能实现的目标，并乐意遭受失败。"[①] 从第一次创业研制的螺旋桨自动切削机到第二次创业研制的机器脚踏车、CVCC 发动机等技术和专利，无不引领着世界潮流，对世界工业技术的整体革新起到了巨大的推动作用。与此同时，他积极引导员工想他人之未想，并鼓励他们把这些"点子"付诸实践。他每年都会叮嘱新入职的科研人员："我讨厌模仿。所以我们公司是以我们自己的做法去探索的，为此，我们也吃尽了苦头。然而，赶超他们之前我

---

① 常桦，逸飞.约翰·科特：领导变革之父 [M].北京：中国物资出版社，2010：277.

们虽然花了不少时间，但是赶超之后，我们在技术上的领先就成了彼此间的差距……科研人员认识这一点的重要性是尤为重要的。"[①]需要注意的是，本田宗一郎在此提倡的"创新"并非闭门造车，而是吸纳万家之长，充分利用前沿技术进行产品改良和创新，这也是本田宗一郎"以新制胜"管理理念的集中体现。

四、以公私分明为信条的管理制度

日本式管理的成功之处在于领导者善把企业管理与民族精神进行深度融合，从价值取向来看，日本企业无不信奉团结互助的集团主义精神。日本人认为，企业不是一个简单的经济组织，而是一个关乎民族未来的社会共同体。受此价值观影响，本田宗一郎在管理员工方面，始终采取一视同仁的态度，极力倡导公司上下平等、和睦相处，让全体员工能够产生被尊重、被重视的感觉，并使其愿意与企业同呼吸、共命运。对待企业高层管理者，他不允许公私混淆、假公济私，对于挪用公款、征令公车、假借工作之名接受贿赂等行为严惩不贷，如果发现管理者存在不端之举，他会不留情面地予以批评并严肃处理；对待普通员工，他视若至亲，关爱有加，他强调在企业内部应淡化高低有别的层级差意识，员工在工作时间遇到部门领导时，可以省去敬礼致意、寒暄问候

---

① 谭一夫.日本式管理 [M].北京：西苑出版社，2000：320.

等环节，他认为，员工专心致志地工作就是最高的敬意。平日里，本田宗一郎大都身着工作服前往车间巡视或者在实验室潜心研究，很少西装革履地在办公室里处理事务，同时，他也要求其他管理者要多前往现场亲自督导、参与生产。在公司继承人的选拔上，本田宗一郎完全遵循公私分明的原则。本田宗一郎曾说："如果像某些公司那样，让庸碌无能的人当社长，那员工们可就倒霉了。"①为了把企业交给管理经验丰富、能力超群的人才，本田宗一郎打破了日本企业子承父业的陈规，在66岁时选择功成身退，把决策者的位置留给了年仅45岁的河岛喜好，他对此解释称："人生就像是驾驶飞机。技术上也没有什么，只要会掌舵，驾驶并不难。要紧的是降落的时候，如果操纵失败，可就血本无归。"②在本田宗一郎管理哲学的引导和影响下，本田公司上下形成了公私分明、讲信修睦的企业文化，良好的工作氛围也极大提升了员工的工作热情和工作效率。

五、以能力主义为原则的人才调配

在选聘和调配人才方面，本田宗一郎注重能力突出或潜力巨大的新生力量，他认为这些人才是公司保持活力和竞争力的核心要素。与此同时，日本大学生也以能够进入实力雄厚的本田公司就职而自豪。在人事管理制

① 针木康雄.本田神话 [M].延吉：延边人民出版社，1997：225.
② 古敏.学会走商路 [M].北京：大众文艺出版社，2009：319.

度上，本田公司打破了"唯学历论""唯资历论"等旧有范式的制约，即从年功序列转向"能力至上主义"，不胜枚举的案例证明，这种选拔制度更容易使有才华、有能力的员工快速地融入生产实践或经营管理活动中。基于此，公司设有两个招录原则：一是不录用唯命是从的人员，本田宗一郎认为，"光看别人脸色行事，把自己束缚起来，就不能突飞猛进，尤其是不可能在科学技术日新月异的年代里生存下去。这种人很容易就会掉队"[①]。二是不录用具有裙带关系的人员，从工作表现来看，这些依靠裙带关系进入公司的员工能力普遍较差，就职多年无所作为。关于如何有效调配公司员工，本田宗一郎也有着独特的见解和方法："公司里每个人都能毫无保留、完全暴露出自己的优缺点，是一件好事，石头就是石头，金子就是金子。"[②]他认为，相同类型的员工更容易相处和沟通，但是企业发展需要各种类型、不同层次的人才，他们在学识、思想、性格等方面迥然有异，合作时容易发生矛盾和冲突，但是若能把这些不同因子有序地组合起来，就可以让每个因子所具有的能量得到最大程度的释放，创造出超乎想象的效果和价值。因此，经营管理者有必要准确掌握全体员工的优缺点，然后把每个员工放在合适的岗位上，并使之得到最大限度的施展和发挥，做到人尽其才，物尽其用。

---

① 简军.日本经营四圣 [M].武汉：华中科技大学出版社，2013：214.
② 简军.日本经营四圣 [M].武汉：华中科技大学出版社，2013：215.

六、以人本主义为基调的政策鼓励

在企业管理的过程中，本田宗一郎始终坚持"人本主义"与"集团主义"的兼容并举，这也使企业在个体与集体之间形成两种关系：一是员工对集体权威的认同和服从，二是需要通过员工能力的发挥、自我价值的实现来达成企业所追求的经济效益。本田宗一郎对公司里的年轻员工和蔼如父。他曾说："一个上了年纪的人如果不时刻反省自己的所作所为，不把年轻人的想法放在眼里，不紧跟他们的节奏，就会与时代脱轨。"[①] 因此，他在《在速度中生存》一书中写道："时代在进步，年轻人也在进步，没有年轻人的进步，这个世界就会倒退。所以，年轻人的智慧永远是进步的。"[②] 在本田宗一郎看来，年轻人资历相对较浅，但是思维敏捷又充满朝气和活力，他们开放的思想与单纯的言行更容易使高层领导意识到自己的短板和不足，对此，他强烈主张各级管理者应该多向年轻人取经，他曾自我解嘲："我只有小学文化程度，我不用担心向别人讨教而有失体面。"[③] 自公司创立以来，本田宗一郎在挖掘、挑选及培养年轻人才方面投入了大量精力。他认为，年轻人若不经历失败，难以快速成长，

① 江伟.匠人哲学：日本四大商圣的商道法则 [M].北京：中国华侨出版社，2017：164.

② 江伟.匠人哲学：日本四大商圣的商道法则 [M].北京：中国华侨出版社，2017：165.

③ 江伟.匠人哲学：日本四大商圣的商道法则 [M].北京：中国华侨出版社，2017：206.

因此，他总是鼓励年轻员工要积极尝试和大胆挑战，即便失败也无妨，至少能够换来宝贵的经验和教训。此外，他还制定了提案制度，鼓励年轻员工根据工作实践提出合理化建议或指导性意见，并交由专家、工程师、顾问等人员组成的部门委员会进行筛选、评议和讨论，一旦提案切实可行，公司会尽快做出调整和完善，同时给予优秀提议者相应的奖励。

七、以"拒绝平庸"为口号的价值观引导

"拒绝平庸"是本田宗一郎管理哲学中最具代表性的观念，重在强调无论企业还是个人都不能庸庸碌碌、无所作为。他认为，只有最大限度地激发自身创造力，持续提升实践能力，企业或个人才能实现最大价值，也才能从竞争激烈的国际市场中脱颖而出。在生产过程和管理实践中，拥有坚韧不拔的精神和意志是"拒绝平庸"的前提和基础。日本有句俗语叫"人在火灾中力大无穷"，意为当人陷入困境的时候，可能会激发出超乎想象的自救能力。在此影响下，无论在产品研发还是技术创新上遇到怎样的困难，本田宗一郎从不轻言放弃，凭借百折不挠的创新精神与旺盛的工作热情，他创造了惊人的470项发明与150多项专利，并带领企业发展成为誉满全球的大型跨国公司。为了表彰本田宗一郎在科研领域做出的突出贡献，日本政府特授予其蓝绶奖章。关于本田宗一郎的创造力，"中兴日本乐器制造鼻祖"川上嘉市称其

为"昭和的爱迪生"，并给予其高度评价："我认识的人当中有个天才技师。他从当工人起家，如今经营一间机械制造工厂，厂里所有的机器，都是按照他自己的设计方案制造出来的，无论是机械还是电器都是亲自动手，甚至连铁的定量分析也亲自为之。说出来定会令你吓一跳，像高频电气炉及高频发电机都是在他那间不太大的工厂里研制出来的。"① 由此可见，本田宗一郎确实有着非同寻常的创造力，而这种依靠创造力而掀起的技术革新正是本田公司不断发展和壮大的关键原因，也是其倡导"拒绝平庸"观念的内在支撑和强大助力。

八、以理想主义为动力的精进思维

在日本企业家的经营思维中都带有浓重的"理想主义"色彩，这种"理想主义"在本田宗一郎的身上表现得尤为显著，但在经营管理实践过程中，本田宗一郎并未把"理想主义"作为企业价值观的核心概念进行推广，而是采用贴近社会大众的"梦想力"一词予以阐释。他认为，梦想像一粒种子，一旦生根发芽，就会迸发出不可思议的力量；创造力来自远大的梦想，当人们抛弃梦想、恐惧失败时，创造力也不复存在了。没有梦想，比贫穷更可怕，因为这代表着对未来没有希望。一个人最可怕的是不知道自己干什么，有梦想就不在乎别人骂，知道

---

① 针木康雄.本田车王　本田宗一郎传 [M].龚琛，译.长春：时代文艺出版社，2002：227-228.

自己要什么，才最后会坚持下去。[1] 他主张，无论遭遇何种困难、挫折或失败，都要坚信目标一定能实现并为此付出不懈的努力。与此同时，自我反省和经验总结是必不可少的功课。古往今来，不乏折戟沉沙后东山再起的名士。德国诗人海涅有言称："反省是一面镜子，它能将我们的错误清清楚楚地照出来，使我们有改正的机会。"[2] 本田宗一郎对此深信不疑，但也不囿于此，他认为不仅失败了要反省，而且成功了也要反省，这种观点表面看来好似一种悖论，但实际上却有着正向、积极的推动作用，其逻辑就在于："成功了多问几个为什么，多反省其中成功的原因，我们就能从一个成功走向更大的成功。如果忘记了反省，再大的成功也会到此为止，这是我从过去的经验中所学到的一种信念。"[3] "反省成功"观念的提出既彰显了本田宗一郎辩证思维能力的强大和高超，也反映出其管理哲学内涵的严谨和深邃。本田的"反省成功"观念被众多商学院编入教材，如今广泛影响着全球企业经营者的管理思维。

随着经济全球化的深入以及国际市场竞争的加剧，我国企业正面临着前所未有的机遇和挑战，如何抓住机遇并在挑战中取胜是我国政府、企业和学界必须共同探讨的重大问题。通过对本田宗一郎管理哲学与实践的系

---

① 本田宗一郎.梦想力 [M]. 崔蒙，译.北京：新星出版社，2015: 2.

② 王培佐.思想的本质 [M]. 济南：黄河出版社，2009.

③ 简军.日本经营四圣 [M]. 武汉：华中科技大学出版社，2013: 207.

统考察可知，企业家是否具备管理哲学思维至关重要，它不仅关乎一个企业持续发展的目标和方向，而且影响着一个企业竭力塑造的形象和维护的声誉。本田宗一郎认为，只要以正确的经营理念为指导，无论遇到怎样的挫折和危机，任何企业都会找到迎刃而解、转危为安的策略，反之企业很容易失去动力和方向，很快陷入势穷力蹙的境地。为此，本田宗一郎极其重视管理实践的哲学化，并在以此形成的经营理念的指导下，带领企业跻身世界一流行列。作为交往甚密的贸易伙伴，我国汽车行业的经营管理者应该借助地缘优势，通过实地调研、赴日培训等多种方式，深度接触并掌握以本田公司为代表的日本企业管理哲学思想体系，并据此灵活调整经营战略，拓展发展空间，以便快速融入全球化浪潮。此外，我国企业也可以结合中华传统文化，积极构建具有中国特色的管理哲学，以此优化企业形象和海内外声誉，继而实现软实力与竞争力的同步提升。

第四章

JPN

稲盛和夫的领导哲学及实践

CHAPTER 4

　　国学大师季羡林曾说："根据我七八十年来的观察，既是企业家又是哲学家，一身而二任的人，简直如凤毛麟角，有之自稻盛和夫先生始。"[①] 作为享誉全球的企业家、实业家，稻盛和夫创办的京瓷与奇迪两家公司都跻身世界 500 强，重建的日航公司也实现扭亏为盈，涅槃重生。在日本，他与松下幸之助、盛田昭夫、本田宗一郎同被誉为四大"经营之圣"。他注重细节管理，善于审时度势，能够准确把握经营实态，抓住事情本质，做出科学高效的战略决策。尽管稻盛和夫未曾系统学习过经营管理之法，但在解决各种经营困难的实战中，他总结出一套笃行致远的领导哲学，并撰写出《活法》《敬天爱人》以及《企业家成功之道》等著作，对海内外诸多企业的现代化管理产生了深远影响。

① 关彬.从德鲁克到稻盛和夫 [M].北京：东方出版社，2016：33.

领导哲学的概念认知

钱学森曾提出，从每一个现代科学技术的大部门到马克思主义的核心辩证唯物主义都有一架桥梁。他认为，从数学科学到哲学的桥梁是数学哲学，从军事科学到哲学的桥梁是军事哲学。[①] 如果按照钱学森的解释进行划定，那么从领导科学到哲学的桥梁可被视为领导哲学。所谓"领导哲学"，是指从领导主体与领导客体的关系的角度出发，对领导活动的基本范畴、基本矛盾、基本规律等问题做出哲学概括，但关注的焦点并非一般哲学探讨的意识与存在，而是贯穿领导领域的管理者的主观指导与客观实际的关系问题，譬如，领导者与客观环境、领导者与被领导者的关系。就理论体系及性质而言，领导哲学是介于哲学和领导科学之间的学问，属于应用哲学的范畴，它是以科学领导观为指导，以领导辩证法、领导认识论和领导方法论为内容，把哲学原理和具体实践相结合，经过一般到个别，再由个别到一般，创造性应用和系统总结概括的过程。[②]

---

① 钱学森. 智慧与马克思主义哲学 [J]. 哲学研究，1987(2)：3-5.
② 丁士峰. 领导哲学概论 [M]. 北京：国防大学出版社，2005：5-7.

如何有效提升企业领导者的个人素养和管理能力是探讨稻盛和夫领导哲学的意义所在。领导者的个人素养是其知识水平、思想觉悟、认知能力等多方面的综合体现，而管理能力的提高则是一个长期连贯、循序渐进的过程，尤其是在管理经验的积累上，既要不畏挫折、大胆尝试，又要勤于学习、善于借鉴。马克思在《关于费尔巴哈的提纲》中明确指出："人的思维是否具有客观的真理性，这不是一个理论的问题，而是一个实践的问题。"[①]稻盛和夫的领导哲学提炼于日常管理实践，后又反作用于管理实践，京瓷与奇迪两家公司的如丸走坂，以及日航公司的涅槃重生，都已验证了稻盛和夫领导哲学的科学性和真理性，对于我国企业的管理者而言颇具参考价值和借鉴意义。

从既有的相关资料来看，稻盛和夫及其领导哲学对我国很多企业家产生了积极而深远的影响。譬如，阿里巴巴集团主要创始人马云对稻盛和夫的前瞻性给予了高度评价："我对稻盛先生一直很敬仰。很多事情我是最近一两年才想清楚，但是稻盛先生多年前就已经想清楚了。"海尔集团董事局主席兼首席执行官张瑞敏直言："稻盛先生是我最尊敬的企业家，他的著作让我很受启发。"新东方教育集团董事长俞敏洪也盛赞称："稻盛先生是在用心活、用心干、用心经营、用心诠释人生，无论是普

---

① 徐光春. 马克思主义大辞典 [M]. 武汉：崇文书局，2017：23.

通人还是企业家都能从中受益良多。"[①] 可见，在全球著名企业家中，稻盛和夫在中国享有极高的名誉和声望，这不仅有赖于他高超卓绝的管理能力，更归功于他在经营实践中提炼出来的领导哲学。一言以蔽之，稻盛和夫的领导哲学既有如何自我修身的方法，也有如何管理企业的要领。他认为，每个人都应该有感恩、仁爱、勤奋、慷慨、正直、慎独与守信这七种品质，而企业管理者必须拥有敢于担当的魄力、身先士卒的精神、严谨守信的态度以及为他人着想的意识，更要有把自己修炼成有人格魅力与领袖风采的决心和勇气。

---

① 稻盛和夫.干法：稻盛和夫写给职场人的工作真谛 [M].曹岫云，译.北京：华文出版社，2010：1.

稻盛和夫的领导哲学

　　稻盛和夫是日本战后经济崛起中最卓越的企业家之一，松下幸之助对稻盛和夫评价道："稻盛先生是我平素非常尊敬的一位优秀的经营者，他将自己丰富经验中切身感悟的人生观、经营观归纳了下来。"[①] 其中，有关领导身份认知与意识管理的部分构成了稻盛和夫领导哲学的内核。在稻盛和夫看来："无论是哪个国家，在经营中，作为判断标准、具有普遍性的哲学都是必要的。它越普遍就越有效，因为它植根于'人间正义'的伦理观和道德观，它是没有国界的。"[②] 正是基于这种观念，稻盛和夫提炼出来的领导哲学既有参考的普遍性和广泛性，也有实践的可行性和有效性。

一、全面提升自己的人格

　　稻盛和夫认为，居人之上者人格比才华更重要，他对孔子所言的"其身正，不令则行。其身不正，虽令不

---

① 　稻盛和夫.干法：稻盛和夫写给职场人的工作真谛 [M].曹岫云，译.北京：华文出版社，2010：Ⅱ.

② 　稻盛和夫.活法 [M].周庆玲，译.北京：东方出版社，2005：93.

从"理解颇深,他强调领导只有在管理过程中不断修德自持,磨砺心智,才能拥有强大的人格魅力,也才能受人尊敬,被人信任。日本有句格言:"恃才者,败于才。"意为越是才华出众、满腔热忱,能量就越大,而能量越大就越需要用人格控制住这些能量,因为人格是驾驭才华和明确方向的最有力工具。在稻盛和夫看来,良好人格的形成并非源于天资和学历,而是源于所遭受的挫折和苦难,若要塑造良好的人格,就必须选择正面突破,通过日复一日看似平凡的努力排除万难,继而增强信心并唤起更加强烈的奋斗意识,这样的良性循环也会促使自身的人格得到不断的提升。

二、努力扩展自己的器量

拥有大器量,方有大境界。稻盛和夫认为,企业能否招徕或培养出德才兼备的员工完全取决于领导的器量。有句俗语叫"破锅配破盖",倘若企业领导者只有"破锅"的器量,那就只能找到与其匹配的"破盖"般的接班人。因此,企业若想招徕或者培育出优秀人才,各级领导必须率先垂范,不断提升自己的修养,扩展自己的器量,时刻提醒自己作为领导所肩负的责任与使命,拥有推动企业长远发展的全局观,而且要把更多的时间和精力投入企业的运营管理中,努力做好使企业在商海中乘风破浪的舵手,以此赢得员工的信赖和认可,从而统率企业百尺竿头,更进一步。

三、不断丰富自己的经验

在企业发展过程中，稻盛和夫曾因管理经验不足而使企业遭受重创，他把企业长期以来形成的偷学他人和各自为战的组织结构调整为让业绩好的员工负责指导业绩差的员工的管理模式，结果这项改革实施未及一年便有很多业绩好的员工相继离职，销售额也随之快速下滑，不久公司就陷入了难以维持的被动局面。对此，一些离职的员工坦言，加入公司就是为了赚钱，他们只想把有限的时间和精力投入到自己的业务中，此外，他们也担心指导的徒弟日后挖走自己的客户资源，反而成为竞争对手，因此，他们对于这项改革极为反感和抵触。后来稻盛和夫反躬自省，他深刻意识到这项改革的失败主要在于自身管理经验的不足，而领导者只有学会换位思考，懂得权衡利弊，才能做出有利于维护企业和员工共同利益的好决策。

四、学会调整自己的心态

管理企业是一项非常辛苦和琐碎的工作，稻盛和夫一直主张要学会从工作中寻找快乐，对此，他在《干法：稻盛和夫写给职场人的工作真谛》一书中如是写道："当研究工作进展顺利时，就要直率地表达出快乐；当研究成果受到别人的夸奖时，就要诚挚地表示感谢。继而将这种喜悦和感动当作精神食粮，然后继续投入艰苦的工作。"① 然后，在拼命工作的同时又会思考如何改进工作，如此便形成一个良性循坏，即每次获得好的业绩和创意都会让自己产生无限的愉悦感，放大这些愉悦感又会激发工作热情，创造出更好的业绩。此外，稻盛和夫主张要认真、尽力地度过每一天，甚至每一个瞬间。他在心中时常提醒自己："我是自己人生的主人公！"② 他认为，只有抱着这样的信念去工作和生活，人生才能得以升华。

五、充分调动自己的潜意识

弗洛伊德把心灵比喻为一座冰山，浮出水面的部分代表显意识，暗藏于水下的部分代表潜意识。显意识是直接决定人的行为的意识，也是人区别于动物的显著的质的特征；潜意识是不自觉的、无法认知或未认知到的部分，通常会在无意识中或某一特殊时刻闪现，产生巨大的作用和影响。稻盛和夫主张，应该在工作或生活过程中学会把显意识逐渐转化为潜意识，因为在意想不到的时机或场合，潜意识总能带来无限的启发和灵感，而这些启发和灵感又常触及事物的核心，会使很多难题迎刃而解，或帮助我们在决策的瞬间做出正确判断。因此，他总是鼓励员工要有"必胜"的信念和决心，并将其转换为潜意识，激励自己不断向前。

① 稻盛和夫.干法：稻盛和夫写给职场人的工作真谛 [M].曹岫云，译.北京：华文出版社，2010：50.

② 皆木和义.稻盛和夫的论语 [M].郭勇，译.北京：台海出版社，2017：21.

第三节·
领导哲学的实践化

　　稻盛和夫会在 78 岁的高龄临危受命拯救日航，与日本原首相鸠山由纪夫的信任密不可分。日本原首相鸠山由纪夫曾公开表示："日本航空必须摆脱对政府的依赖性，转而发扬稻盛和夫的精神，这一点十分重要。我对稻盛和夫的管理能力评价很高，相信他是最适合的人选。"[①] 那么稻盛和夫究竟有着怎样的管理秘诀呢？

一、实行分权管理

　　创业初期，稻盛和夫每日埋头苦干，全权负责从新产品开发到生产再到销售的所有环节。随着企业日渐强盛，他愈发感到分身乏术，力有不逮。苦恼之余，他突然想到了《西游记》中孙悟空的分身术，而后这成为"阿米巴经营"的起源。"阿米巴经营"是一种量化分权的经营体系，由事业部制深化发展而来，简而言之，就是将企业划分为多个自行制订计划、独立核算的自由自在重复进行细胞分裂的"阿米巴"式的事业部，然后通过系统

---

① 邱强.稻盛和夫：拯救日航的恺撒 [EB/OL]. (2010-05-04) [2019-04-30]. https://news.qq.com/a/20100610/001776.htm.

经营体制的构建达成权利、责任和利益的同时下放，以实行分权管理，并让每位部长甚至员工独立承担工作的经营管理制度体系。"阿米巴经营"的实施既让稻盛和夫摆脱了管理上百事丛脞的束缚，也让各部门领导得到了更充分的历练，并于短时间内形成了一支成熟的管理团队。

二、做好新老员工的平衡管理

老员工是企业稳定发展的重要因素，然而，在不断发展壮大的过程中，企业会根据不断拓展的业务陆续引进优秀人才并委以重任，但对于早已习惯年功序列的老员工而言，很难接受新人进入企业便位高或权重，这也往往成为引发内部纠纷的导火索，所以如何妥善处理好这对矛盾是消除一切不和谐因素的重中之重。对此，稻盛和夫曾向老员工解释并安抚称："既然我们有缘创立了京瓷公司，如果我们想把它做得更大更好，那么必须引进人才。这些中途进来的人才或许要位居诸位之上，请你们务必理解接受，因为并不存在既要把企业做大，但又反对新人位居己上的选项。"[1] 这种面对面的交流有效纾解了老员工低落与不满的抵触情绪。在稻盛和夫看来，勤于沟通是疏导员工心理困扰和化解员工内部矛盾最为有效的方式。

① 稻盛和夫 . 培育人才是经营者留给企业的最大资产 [EB/OL]. 曹岫云，译 . (2016-07-15）[2019-05-03]. http://www.ebusinessreview.cn/articledetail-286622.html.

三、企业管理贯彻"实力主义"

西乡隆盛在《南洲翁遗训》中提到："于国有勋然不堪任者而赏其官职，乃不善之最也。"[①] 经营一家大型公司亦是如此，也就是说各部门负责人都应由具备硬实力的管理者来担任。稻盛和夫认为，"形式与内容"的关系非常微妙，判断一个人是否具备硬实力不能只看学历、头衔等"形式"，更要注重他的"内容"，而这种"内容"与年龄或者资历无关，它是指既要有胜任职务的管理能力，又要有足够的人格魅力，既能得到上级领导的信任，又能构筑与部下的信赖关系。企业应该为这样的优秀人才提供尽可能多的机会，使其能在企业不断发展壮大的过程中充分施展自己的本领和才华，实现个人价值的最大化。对此，稻盛和夫总结称，只要企业领导坚持"费厄泼赖精神"，贯彻以公平公正为基准的"实力主义"，内部组织必然会得到强化，反过来更容易实现为全体员工谋福利的目标。

四、优先选拔"自燃型"人才

在学历和智力占主导地位的日本社会中，稻盛和夫却一直强调"情商"（EQ）与"智商"（IQ）同等重要。他把人划分为三种类型：第一种是点火就着的"可燃型"的

---

① 转引自：稻盛和夫.活法叁——寻找你自己的人生王道 [M].蔡越先，译.北京：东方出版社，2009：10.

人，第二种是点火也烧不起来的"不燃型"的人，第三种是自己就能熊熊燃烧的"自燃型"的人。他认为，想要成就某项事业，就必须抱有积极的工作态度，成为能够自我燃烧的人，否则就难以得到职场同伴的协助和取得高水平的成果，而且团队中若有一位"不燃型"的人，那么整个组织的氛围就很可能会变得沉闷压抑，所以稻盛和夫在管理过程中提出："我希望同事们都是自燃型的人，不用'点火'，他们也会自动燃烧。至少，当燃烧的我接近时，他们是能同我一起燃烧的'可燃型'的人。"①

五、不断激励员工的士气

美国行为科学家弗雷德里克·赫兹伯格（Fredrick Herzberg）在《工作的激励》一书中提出双因素理论，即把影响人的积极性的因素按照其功能分为激励因素和保健因素。赫兹伯格认为，要想调动人的积极性，最应注重激励因素。② 通过多年管理实践的摸索，稻盛和夫深知年轻人普遍抱有远大的人生理想和职业目标，也怀有大干一番的雄心壮志，但在面临新的挑战时却总会觉得自己没有做好准备或缺乏相关经验而无法胜任有挑战性的工作。对此，稻盛和夫总会借用孔子回答冉求的"力不足者，中道而废。今女画"为年轻员工指点迷津，并鼓励

① 王惠敏.稻盛和夫全传：从乡巴佬到日本经营之圣 [M].武汉：华中科技大学出版社，2011：170.

② 郑国铎.企业激励论 [M].北京：经济管理出版社，2002：52-53.

他们不懂相关知识、方法或技术也无大碍，只要抱有远大的理想和高尚的目标，时刻充满信心和干劲，未来一定玉汝于成。同时，他也不忘强调，千里之行始于足下，任何梦想的实现都少不了看似平凡的努力，人生之路上没有像自动扶梯那样的便利工具，只能依靠自己一步一个脚印地前行，若不深自砥砺，最后梦想也只能沦为空中楼阁，因此，在确定目标与树立信心之后，必须脚踏实地，笃定前行。

第五章

JPN

盛田昭夫的企业哲学及实践

综观 73 年的企业发展史，索尼公司能从一家不知名的小企业逐步发展为享誉全球的大型跨国集团，与其创始人盛田昭夫提炼出的企业哲学不无关系。早于创立之初，索尼公司就立下了"不要仅限于生产电器产品，我们要发挥开拓者的精神，向新的领域发出挑战，成为一个世界通用的企业集团"的志向，所以在发展过程中，它从未间断向多领域拓展的尝试，逐步走上了多元化的发展道路。如今，索尼的数码摄像机、数码照相机、数字电视、游戏机、电脑以及网络随身听等产品都已成为深受全球消费者青睐的热门产品。2018 年 4 月底索尼公司发布的财报显示，2017 财年公司销售额达到 85440 亿日元，同比增长 12.4%，营业利润为 7349 亿日元，同比增长 154.5%，创历史新高。无独有偶，在美国波士顿声誉研究所发布的"2018 年全球企业声誉排行榜"中，索尼公司凭借产品、服务、创新、公司管理、领导力和执行等方面的出色表现再度跻身全球十强，而且排名上升至第六位。与欧美企业倚重生产技术维护声誉的硬性做法不同，索尼公司的声誉建构主要是依靠盛田昭夫的企业哲学。

企业哲学的概念认知

　　"哲学"一词源自希腊语 φιλοσοφία，中文译为"热爱智慧"，它起源于古希腊哲学家泰勒斯（Thales）提出的哲学命题"实际的本原是什么"，后来在苏格拉底（Socrates）、柏拉图（Plato）及亚里士多德（Aristotle）等哲学家的推动下，"哲学"的边界不断扩大，概念也愈渐深化，简而言之，哲学是一种智慧而非知识，正如赫拉克利特（Herakleitos）所言，博学并不能使人智慧，智慧只在于一件事，就是认识善于驾驭一切的思想，也就是说，哲学是一种理论化、系统化的思想体系，是人类从实践中产生而又反过来指导实践的思想智慧。[①] 在中国传统哲学中并无"哲学"一词，汉语中的"哲学"最早移译于日本近代启蒙思想家西周的《百一新论》，中国近代较早从事哲学研究的胡适将其概括为"凡研究人生切要的问题，从根本上着想，要寻求一个根本的解决：这种学问叫做哲学"[②]。而后冯友兰在《中国哲学简史》中明确提出了

---

① 刘江宁，周留征.企业哲学的历史演进、分析框架和功用研究 [J]. 山东社会科学，2017（1）：145-150.

② 胡适.胡适讲哲学史 [M].北京：团结出版社，2019：1.

哲学的概念，即"人类精神对于科学研究这种精神活动的反思"[1]。

较之于"哲学"，"企业"一词在中国出现得稍迟，汉语中的"企业"也是从日语移译过来的，《现代汉语词典》将其解释为从事生产、运输、贸易、服务等经济活动的部门，包括工厂、矿山、铁路、公司等。[2]但"企业"是一个学术概念，不同领域的学者对其内涵有着不同的理解和阐释。在经济学中，企业一般是指以特定利益为目的，从事商品生产、流通或服务，为满足社会需要而进行自主经营、自负盈亏、独立核算的社会经济组织。[3]现代企业是科学技术与生产力协同发展到一定阶段的产物，管理学家因不满足于以泰罗为代表的科学管理学派仅仅解决科学管理实践中的方法问题，故试图将管理科学提升为一种专门研究管理本质、管理意义与管理规律的科学哲学。

朱成全在《企业文化概论》中对"企业哲学"做出了较为详尽的概念性阐释。他指出，企业哲学就是企业在生产、经营、管理过程中表现出来的世界观和方法论，是企业开展各种活动、处理各种关系时所遵循的总体思路和综合方法，是企业行为的根本指导思想。它反映企业对发展经济的历史使命和责任的认识和态度，研究企

---

① 冯友兰.冯友兰自选集 [M].北京：首都师范大学出版社，2008：487.

② 中国社会科学院语言研究所词典编辑室.现代汉语词典 [M].7版.北京：商务印书馆，2016：1028.

③ 洪功翔.政治经济学新编 [M].合肥：中国科学技术大学出版社，2003：326.

业管理主体与客体的辩证关系，阐明企业活动与外部环境的关系，揭示企业的运行规律和管理的内在规律，它的根本任务就是解决企业中人与物、人与经济规律的关系问题。[①] 陈元芳、张捷和刘大利认为，企业哲学是指在企业生产经营与管理的范围内，在人和物及经济规律之间寻求和谐，对企业中人与物、人与经济规律的关系问题做出回答，以形成对人、物和经济规律的根本关系的认识。它涉猎的问题包括企业中人的本质是什么，企业的主体是谁，作为企业主体的人在生产经营活动和其他物质活动中的地位、作用如何，作为企业客体的物对主体有什么制约性作用，主体在被制约的过程中如何确定并保持其应有的地位、发挥自己的主观能动性，主体如何遵循和利用市场规律、生产经营规律和企业发展规律，等等。[②]

企业哲学既是企业的立业之本，也是品牌形象塑造的核心部分。关于企业哲学的功能和作用，国际商业机器公司前董事长兼首席执行官小托马斯·沃森曾说："一个组织的基本哲学对它的经营成果的影响，要远比技术力量、经济资源、组织结构、革新和选择时机这类因素大得多。"[③] 在日本企业文化系统中，由发展哲学、经营哲学

[①] 胡春森，董倩文.企业文化 [M].武汉：华中科技大学出版社，2018：100.

[②] 陈元芳，张捷，刘大利.企业文化简明教程 [M].武汉：华中科技大学出版社，2013：26.

[③] 彼得斯，沃特曼.寻求优势——美国最成功公司的经验 [M].管维立，译.北京：中国财政经济出版社，1985：12.

与管理哲学共同组成的企业哲学居于核心地位，在现代
企业管理中发挥着无法估量的巨大作用。尽管资金力量、
技术实力、销售能力等都是企业经营的重要因素，但最
为根本的还是基于自然规律和社会发展规律建构起来的
企业哲学，它不但主导着企业的经营模式和发展方向，
而且影响着企业的形象塑造和声誉传播。

盛田昭夫的企业哲学

盛田昭夫是日本著名企业家，也是索尼公司创始人之一。他带领"日本制造"走向世界，成为日本企业国际化的先驱。他根据多年的经营管理实践，总结出一套积厚流广的企业哲学，对索尼公司的发展壮大起到了不可估量的作用。盛田昭夫的企业哲学提炼于日常的经营管理实践，又对经营管理实践具有反哺作用，他所推崇的"人本主义""质量主义"等价值观及在其影响下所形成的"以快制胜""通权达变"等经营理念，不但主导着索尼公司的发展方向和创新路径，而且影响着索尼公司的形象塑造与声誉传播。

一、以人为本，互敬互重

古希腊哲学家普罗泰戈拉（Protagoras）在公元前450年提出一个著名论断："人是万物的尺度，是万物存在的尺度，也是万物不存在的尺度。"[①] 这句充满着"人本主义"哲理的名言至今仍散发着无穷的魅力。"人本主义"

---

① 吕世伦.法理念探索 [M].北京：法律出版社，2002：333.

是日本企业文化的精髓和灵魂，它贯穿于企业哲学的所有思想之中。盛田昭夫也认为："日本公司的成功之道并无任何秘诀和不可与外人言传的公式。不是理论，不是计划，也不是政府政策，而是人，只有人才能使企业获得成功。"[①] 若想真正激发和调动员工的积极性，金钱绝非唯一的工具，使员工在企业中受到应有的尊重同样重要。在盛田昭夫看来，企业不仅属于经营管理者，而且属于广大员工，与员工建立良好的关系是企业管理者的重要职责。为此，盛田昭夫在管理过程中既坚持执法严明，又重视营造一种家庭式的氛围，譬如在工作时间，他与下属身着同样的制服、在同样的餐厅用餐，这些做法无不让员工感受到真诚、亲切以及温暖，这种感情投资确实为索尼公司创造了不可估量的价值。在人本主义的影响下，索尼公司形成了一股强大的凝聚力，不但将索尼产品推向了世界，而且发展为世界500强企业。此外，盛田昭夫鼓励所有员工为降低劳动强度和提升工作效率贡献自己的智慧和力量，希望借此方法增强他们的主人翁意识，使其参与到企业管理之中。与此同时，索尼管理者从不干涉员工的具体工作，他们只是帮助员工确立目标和方向，然后进行观念上的指导，激发他们的工作热情和创造力。当然，盛田昭夫对于犯错的员工也不会置若罔闻、熟视无睹，但在给予严厉批评的同时，也一

---

① 盛田昭夫.日本造·盛田昭夫和索尼公司 [M].伍江，霜驷，王秋海，译.北京：
生活·读书·新知三联书店，1988：140.

定会顾及员工为索尼立下的汗马功劳，这与社会心理学家亚伯拉罕·马斯洛（Abraham Maslow）提出的"需求层次理论"言行相一致，也就是说企业领导只有学会顾全员工"尊重需要"的批评教育，才能实现百治百效，径情直行。如今，日本企业尽管管理员工的方式不尽相同，但基本上都在奉行索尼式的"互相尊重"的劳资关系。

二、质量至上，服务全球

日本的消费者非常挑剔，加之激烈的市场竞争使得质量不佳的产品根本没有销路，因此，日本企业均把"质量至上"奉为圭臬，通过不断改进生产技术，持续提升产品质量。索尼公司始终致力于高品质电子产品的研发和生产，对"质量至上"的原则信守不渝，这也使其深得海内外经销商和代理商的信赖，即便公司数次面临生存危机却仍屹立不倒。如果说质量过硬是所有企业可持续发展的前提和基础，那么引领潮流则是电子企业赢得市场竞争的筹码和关键，盛田昭夫主张企业发展必须做到永远比竞争者快两步，并先于消费者洞察他们的欲望。在盛田昭夫及其员工的不懈努力下，索尼公司不仅成为日本第一家获得全球认可并于美国上市的企业，而且发展为引领全球电子产品时尚的跨国公司。盛田昭夫强调，索尼公司就是要通过不断进步来为全世界服务，用优秀的产品带给人类高质量的生活品质。因此，即便生产的是耳机这样的简单配件，技术人员也会绞尽脑汁，仔细研究，制造出质量与性能比同类品牌更好的产品，他们也非常重视海外市场在产品本土化、功能多样化以及应用便利化等方面的接受度。索尼中国区董事长兼总裁高桥洋表示："我们在做一些产品宣传与设计上的调整，比如推出更适合运动的便携式耳机，吸引热爱运动的消费者。索尼邀请了迪丽热巴做代言人，吸引更多热爱时尚的年轻消费者。电视业务开始与腾讯视频、华数电视等优质内容平台合作，打造更加多元化、人性化的视听娱乐体验。"[1]

---

[1] 韩璐.平井一夫微笑守护了索尼6年，接下来的表现能否依旧在线？[EB/OL].（2018-02-08）[2019-05-20]. https://www.sohu.com/a/221733314_202972.

企业哲学的实践化

　　带领索尼创造无数奇迹的盛田昭夫被美国《时代周刊》评选为 20 世纪 20 位最具影响的商业人士之一，撰有《学历无用论》《日本造·盛田昭夫和索尼公司》以及《日本人可以说"不"》等著作。在日本商界，他与被誉为"经营之神"的松下幸之助比肩，他所秉持的经营理念、采用的管理模式，无不渗透着东西方哲学思想，对索尼公司的快速发展和稳步壮大起到了重要的指导作用。

一、以新制胜

　　创新是企业持续发展的内在动力，也是企业参与市场竞争的制胜法宝。自 1946 年创立以来，索尼公司一直奉行"自由豁达、开拓创新"的经营理念。一方面，盛田昭夫要求管理者鼓励员工的独创精神，激发每个员工的才能，以保障企业充满活力；另一方面，他教育员工既不要蹈袭前人，也不要令出唯行，而要有求索不止的创新精神。盛田昭夫曾说："由于新产品质量的可靠性和先进性已成了很平常的东西，我们从事工业生产的人们就又面临新的挑战。必须创造更具有诱惑力的产品，以争取消费者。显然，如果谁不去想方设法改善向消费者提供的产品，就别指望在商业界生存，而要这样做，就必须有新技术。"①
也就是说，若想获得成功，企业就必须有新技术以及通过
新技术生产新产品的能力，而对创意的包容和接受恰是索
尼的一大长处。传统日企普遍存在等级森严的封闭性体
制，对于无法算作领导功绩的创意，上司往往会以高压的
态势予以否决。索尼的管理者则杜绝这种企业文化，他们
非常重视年轻员工的智慧和力量，善于通过各种激励手段
促使其发挥主观能动性，加之"绝对不模仿、不妥协、不
放弃"的创新精神，索尼攻克了很多技术壁垒，生产出一
系列划时代的产品，例如第一台晶体管电视机、第一台摄
像机、第一部立体声随身听、第一张唱片、第一个 3.5 英
寸软盘驱动器、第一台 32 位家用游戏机、第一台高亮度
绿色发光二极管等离子平面显示器等。

二、砥志研思

是否推陈出新是衡量制造企业研发能力的重要标准，
一家企业能否实现平稳发展，在很大程度上取决于研发
实力的强弱。长期以来，日本科学家"轻基础重应用"似
已成为国际学界的一般共识，这也从侧面反映出日本人
具有强烈的生存意识，他们始终在为解决当下生产生活
所急需的技术和材料而砥志研思。盛田昭夫非常重视产
品研发，自创立以来，公司先后成立了开发研究所、技

---

① 盛田昭夫.盛田昭夫与索尼公司[M].薛慧英，王超，鲁重为，译.长春：吉林大
　学出版社，1989：281-282.

术研究所、情报处理研究所、图像技术研究所以及研发战略总部等机构。此外，索尼公司不断向海外市场扩展势力，同样建立了一批高水平的研发机构，并通过带薪休假制度吸引国外优秀研究人员参与研究活动。21世纪以来，公司开始专注于储存技术、网络应用等9个关键领域，同时根据市场形势不断做出调整。盛田昭夫坦言："我们的计划是用产品领导潮流，而不是问需要哪一种产品。"① 索尼公司就是要生产某些市场上从未销售过的产品。因此，索尼公司一直在产品研发上不惜财力，每年的研发经费都会占到销售总额的6%—12%，充足的研发资金也使其在诸多领域都占有绝对优势。尽管同行都在密切关注索尼的最新成果和发展动向，一旦发现具有广阔市场前景的产品便模仿制造，但在盛田昭夫看来，既被同行视为竞争对手，又被其作为效仿标杆，这样的双重身份是值得索尼上下骄傲并为之奋斗的不竭动力。

三、高瞻远瞩

《资本论》中有着对资本趋利的描述，但索尼公司选择"多元化"经营并不都是资本导向的结果。在与日本胜利公司生产的录像带的正面交锋中，索尼公司推出的录像带败不旋踵，深受打击的井深大兼权熟计后，决定向多元化经营转变，而今索尼公司已涉猎游戏及网络服务、音乐、影

---

① 王如平. 辩证法与人生智慧 [M]. 长春: 吉林大学出版社, 2007: 57.

第五章 盛田昭夫的企业哲学及实践

113

视、家庭娱乐及音频、影像产品及解决方案、移动通信、半导体、金融服务等多项业务。但若问其管理者"何为企业社会责任"，答案一定是"使企业获得可持续发展，确保提供就业岗位，改善员工生活"。他们认为，企业创造和提高利润的目的就在于此，而非单纯的"一切向利润看齐"。盛田昭夫认为，优秀的企业家应该懂得团结员工，发挥每位员工的潜力，并将个体的力量凝聚成一股合力，共同为企业战略目标的实现而努力。如果只会在账面上做文章，利用明日的赤字来换得今日的辉煌，那根本谈不上经营管理。因此，索尼的股东都不会计较眼前的盈亏，他们更看重企业的未来前景和长远价值。也就是说，尽管创造利润是企业经营者主要的活动目标，但前提是要有高瞻远瞩的预见能力以及向远而行的坚韧不拔的精神，不可因一时得失而急功近利、饮鸩止渴。

四、同情相成

日本企业普遍重视相互合作的协同精神。在盛田昭夫看来，每个国家都有自己的习惯、法律和游戏规则，只有尊重它们、遵守它们，才能把生意做大做强。作为一家大型的跨国企业，索尼公司非常注重分公司之间的沟通和交流，因为要做好产品和体验设计，必须了解当地的生活习惯和思维方式，借鉴成功的模式和经验，这对于索尼公司的整体发展大有裨益。盛田昭夫曾说："无论世界上哪个地方的索尼公司，无论分公司离总部相隔多远，总部都把他们视为索尼公司的家庭成员和有价值的同事；无论他们的同事是美国人还是英国人，是黑人还是白人，大家都是平等的，都是索尼这个大家庭中不可缺少的一员。"[①] 在实际运营的过程中，索尼公司经常利用内容与技术会议、市场战略委员会、全球高层会议等形式，有意把分公司领导聚在一起分享各自的信息资源，商议时下较为棘手的问题。

五、通权达变

索尼公司向来反对员工墨守成规、安于现状，他们支持员工在各部门间自由流动，以期实现人尽其才、才尽其能。盛田昭夫曾说："如果他个人能够选择他自己要做的事，就会感到兴奋，因为他争取到自己要做的工作，就会卖力气投入新工作，我们没有理由不替员工安排适当的工作。"对于新入职的员工，盛田昭夫总会耳提面命："人生只有一次，今后的二三十年是各位人生中的黄金时期，且无法重来。当各位 30 年后退休或生命终结时，我不希望大家后悔把最宝贵的岁月浪费在这里，否则那将是个悲剧。我必须再次强调，是大家选择了索尼，因此要负起责任。"公司每周都会刊登各部门的"求人广告"，所有员工均可自由应聘，其上司不会阻挠干涉。此外，每隔两年员工就会调换一次岗位，对于那些精力充

① 邱询旻.日本企业竞争力个案研究 [M]. 北京：中国经济出版社，2015：105.

沛、满腔热忱的逸群之才，企业会提供更多的支持和机会。从实际效用来看，这种内部流动制既能使真正的人才找到比较满意的岗位，也可让人事部门尽早发现人才流失部门及其领导存在的问题。

六、博采众议

盛田昭夫认为，如果高层领导独断专行，那么企业就很容易陷入发展停滞的泥潭。因此，长期以来索尼公司非常重视集体智慧的力量，将"誓做开拓者"作为企业的训言，鼓励所有员工出谋划策，并且建立了提案制度。美国的很多企业管理者认为，基层员工只会反复提出单纯的问题，采用提案制度实乃企业领导力所不及的表现，但盛田昭夫却说："从长远来看，可以这么说，无论领导人多有手段，取得多大的成功，企业的将来归根结底还是掌握在全体职员手中，更进一步说，主宰企业命运的，正是职员们。"[①] 他认为，员工们的提案都是来自一线工作的心得体会，该制度既可使高层领导直接掌握原始信息，也可节省时间与人力成本。更重要的是，年轻员工朝气蓬勃，富有创新意识和实践能力，听取他们的建议更容易发现问题并找到对策，尤其是在优化作业方式、精简工序流程与提高工作效率方面卓有成效，所以采取提案制度对于企业发展而言是一项有利的举措。

---

① 范宝云，任发杰，赵荣强.世界富豪的点子 [M].济南：山东人民出版社，1997：243.

第六章

JPN

日本可口可乐创新文化的
导入及启示

CHAPTER 6

　　在线上线下销售比肩并起的新媒体时代，行业竞争愈演愈烈，如何保持强劲持久的发展动力，是摆在全球企业面前最迫切、最重要的现实课题之一。作为全球饮料行业巨头，始建于 1886 年的可口可乐公司之所以能够在长期的国际市场竞争中稳固占有一席之地，与其注重产品创新不无关系。美国《福布斯》杂志发布的"2018 年全球最具创新力企业百强榜单"显示，可口可乐公司凭借创新溢价（企业市值与现有业务现金流的净现值之差）的强势预期，成功入围榜单并位列第五十三位。[①] 作为新品实验田，日本是可口可乐公司海外拓展最稳定、最具活力的市场之一，它的创新力度及效果直接关乎可口可乐公司的经营业绩和总体表现。

---

① Forbes. The World's 100 Most Innovative Companies [EB/OL]. (2018-05-30)[2019-06-01]. https://www.forbes.com/innovative-companies/list/#tab: rank.

日本产品创新的文化背景

　　近年来，随着全球民众健康意识的普遍提升，碳酸饮料的整体市场份额逐年降低，这让饮料行业巨头可口可乐公司遭受重创，包括中国、韩国等国家在内的销售额出现了不同程度的下滑迹象。相比之下，可口可乐（日本）的销售业绩则趋于稳定，在与同类产品竞争中，始终保持着强劲态势。从销售份额来看，可口可乐（日本）的畅销产品种类包括茶、瓶装水、咖啡及运动饮料等，都是全球收入超过 10 亿美元的核心产品，其对可口可乐整体销售的维稳作用巨大。在日本，由于市场规模小、生产线凝聚力强、市场发达程度高，饮料行业的产品研发效率普遍较高，每年都有千余种新品问世，其中仅可口可乐（日本）开发的新品类别就会占到总量的 10% 左右。这种高效高量的强势表现主要归功于企业超前的创新意识与卓越的创新能力。可口可乐（日本）总裁乔治·加杜尼奥（Jorge Garduno）表示，产品实验在日本市场已经成为一项常态。他认为，只有坚持创新，而且速度不落后于日本市场形成的产品周期，企业才能脱颖而出，带给消费者更多的惊喜。由此可见，残酷的市场竞争为日本企业营造了浓厚的创新文化氛围，对于外来企业而言，只有遵循日本市场的经营法则，并高度融合与深入吸收日本创新文化，才能获得更多的发展机遇和空间，这也是可口可乐（日本）长期保持创新精神的源泉和动力。

从日本大众的消费心理、消费需求以及消费热点来看，消费者很难接受一件百世不易的产品。可口可乐（日本）副总裁哈利勒·尤恩斯（Khalil Younes）曾说："日本消费者对趋势非常敏捷，也非常乐于尝试新事物。"① 他认为，日本消费者追求的是一种差异化，其乐于尝试新鲜事物的态度，恰为产品创新或者技术创新提供了利好的市场环境和强大的动力支撑。在这种创新文化的加持下，日本企业无不把产品创新或者技术创新作为可持续发展的经营理念及实践路径，并为之投入大量的人力、物力和财力，以确保企业能够在激烈的国内外市场竞争中站稳脚跟。作为享誉全球的大型跨国集团，可口可乐（日本）从创设到发展再到壮大，已经度过数十载，在此期间，它把日本文化成功植入到原本以西方文化为主导的企业文化中，形成了东西文化深度交融的独特性。任何企业的持续发展都离不开企业理念的指引、企业文化的支撑与企业形象的塑造。质言之，塑造良好的企业形象与建构良好的企业声誉对于企业的持续发展意义深

---

① 市场资讯（Marketing Express）. 可口可乐的日本式创新 [EB/OL]. (2019-02-12) [2019-07-08]. http://www.foodaily.com/market/show.php?itemid=19328.

远。从企业管理与市场营销的路径来看，可口可乐（日本）非常重视企业形象与企业声誉的同步建设，尤其注重创新形象的塑造和创新产品声誉的传播，为此，企业始终保持着每周推出两款新品的创新效率。对于每款新品，可口可乐（日本）都会进行为期6周的测试，来自市场的反馈结果将直接决定该款新品是继续推广还是退出市场。

第二节
根植于本土文化的产品创新

　　创新是企业发展的第一动力，企业开展创新活动、构建创新文化的主要目的在于增强自身的经营活力与市场竞争力。作为一种最基本的企业行为，创新的表现形式多种多样，具体包括产品创新、技术创新、包装创新和管理创新等。所谓"产品创新"，是指以创造全新产品或者改进产品为目的的创新：全新产品创新是指产品用途及其原理有显著变化的创新；改进产品创新是指在技术原理没有重大变化的情况下，基于市场需要对现有产品做功能上的扩展和技术上的改进的创新。可口可乐（日本）的产品创新属于典型的日本式思维，既有着眼于未来的前瞻性，也有应对内外冲击的危机感。为了扭转近年来碳酸饮料市场持续低迷的被动局面，2018年可口可乐（日本）根据市场调研结果，成功研发并推出了罐装气泡酒精饮料，自此开启了跨行业竞争驱动模式。从文化角度来看，日本是一个以"未来主义"著称的国度，任何企业制定战略或者决策无不着眼于未来。日本企业家普遍认为，只有不断进行产品创新或者技术创新，才能持续提升企业的硬实力与竞争力，也才能不被市场淘汰。

在浓烈的创新文化氛围中，日本企业无不竭尽全力开发新产品、锻造新技术，以此应对日益白热化的国内外市场竞争。

一、基于茶食文化的产品创新

日本是一个依海而生、傍海而兴的岛国，经过旷日持久的演变，已逐步形成独具特色的饮食文化。饮食文化是日本民族文化的重要组成部分，被誉为"东洋精神真髓"的"茶道"是日本传统文化的经典代表，它由中国传入，而后在"日常茶饭事"的基础上发展而来，其中融入了宗教、哲学、伦理、美学等元素。[①] 2013 年，日本某网络调查公司针对消费者"会在便利店购买哪款饮料"进行了市场调查，结果茶类饮料以 68.4% 的占比拔得头筹。此外，第 2 届日本国际饮料以及液体食品制造展览会发布的相关数据显示，2015 年日本推出的茶类饮料新品共计 1095 种，约占全球总量的 17%，位居全球首位。上述两组调查数据表明，茶类饮料在日本饮料市场拥有不可撼动的霸主地位。在日本饮食文化中，茶与食同气连枝，共为唇齿。例如，在食用寿司、生鱼片等较为清淡的食物时，往往搭配口味同样清淡的绿茶；而当食用油腻或者辛辣的菜肴时，通常会搭配口味醇烈的乌龙茶。根据多年市场调查，可口可乐（日本）已经熟谙日本茶食文化

---

① 安迪.一味千秋：日本茶道的源与流 [M]. 北京：新华出版社，2015：26-29.

的内核和精髓，并在此基础上推出了绫鹰、爽健美茶等一系列深受消费者欢迎的畅销品牌。

二、基于健康观念的产品创新

日本是全球公认的创新强国，日本人在工作中精益求精，具有为人称道的工匠精神。他们擅长"改良式"创新，并执着于产品功能的细化。自20世纪70年代起，日本就步入了老龄化社会，对于保持健康、延缓衰老，日本人有着强烈的需求与探索意识。近年来，可口可乐（日本）的功能性产品在种类上不断细化，与消费者对于"更健康"的高品质生活的追求密切相关。他们重视食物中脂肪和糖的含量，所以对于含糖量较高的饮料避之不及，然而，功能性饮料的出现彻底扭转了这种不利的局面，尤其是为身体健康而研发的各类饮品深受中老年消费者的关注和支持。例如，生命可口可乐（Coca-Cola life）是可口可乐（日本）2015年推出的以健康和自然为生活理念的产品，该款产品从甜叶菊中提取出甜味料，在保持原有口味的同时，降低了约60%的卡路里。此外，可口可乐的混合茶含有难消化的食用纤维，可以抑制脂肪和糖分的吸收，有效降低患糖尿病和肥胖症的概率；加入水溶性麦芽糊精的可口可乐能够减少脂肪摄取量，抑制中性脂肪的上升，从而降低患心血管疾病的风险，据官方公布的测试数据，该款饮品对进食后血液中甘油三酯的抑制可以达到 7% 左右。[①] 如今，这两款产品均已通过日本保健专用食品认证。

三、基于市场需求的产品创新

从日本消费市场来看，广大民众对于流行文化持有很高的敏感度，这就要求日本企业既要有超前的创新意识，又要有敏锐的市场嗅觉与强大的应变能力。日本企业的产品创新并非盲人摸象式的探索，而是以市场需求为基础，发掘创新点，开发新产品。为了满足日本消费者多样化的产品需求，可口可乐（日本）一直热衷于新口味产品的开发，其中不乏像生姜、大蒜、樱桃、冰黄瓜、咸西瓜以及猴面包树可乐等口味较为奇特的产品。从市场反馈来看，尽管消费者还是对原味可乐的接受度最高，但是这些猎奇的新口味能够为消费者提供丰富而多元的选择，同时也可以使品牌获得更高的曝光率和关注度，因此对于展示企业的创新能力而言至关重要。近年来，麒麟、朝日、三得利等日本各大酿造商成功推出了由日本"烧酒"和苏打水制成的罐装酒精饮料，这种饮料的酒精含量大多在 3% 至 8% 之间，口味有酸奶、野生罗勒、西印度樱桃等数百种，现已成为啤酒的有力竞争对手。为了赢得更广阔的市场，寻找新的利润增长

① 日本コカ・コーラ株式会社．コカ・コーラトクホ・機能性表示食品飲料ガイド [EB/OL]．(2017-03-21) [2019-05-12]. https://www.cocacola.co.jp/inryoguide/lineup#1.

点，可口可乐（日本）瞄准商机，尝试在碳酸饮料这一核心业务之外探索酒精类饮料的开发，并于 2018 年 5 月在九州地区率先推出了首款以日本烧酒、柠檬汁、苏打水等混合制成的酒精饮料"柠檬堂"。从各类网络社交平台反馈的信息来看，该款产品由于酒精含量低、口味清新、售价亲民，因此深受年轻消费者尤其是女性消费者的喜爱。

四、基于企业文化的产品创新

日本素以工作时间长、竞争激烈而为人熟知，"过劳死"的频繁发生已经成为日本企业文化的负面注脚。从日本厚生劳动省及相关医疗机构发布的相关数据来看，长时间加班导致的睡眠不足是诱发"过劳死"的病理原因。数字腕带制造商卓棒（Jawbone）的调查结果显示，东京是全球最缺睡眠的城市，对此，可口可乐（日本）在日本饮料市场推出了一款含有茶氨酸、能够缓解紧张并促进睡眠的"酷乐仕睡眠水"，这款产品不但口感清爽，而且有利于消化和吸收，适合夜晚睡眠或者沐浴后饮用，对于工作压力较大的人群来说颇具吸引力。此外，可口可乐（日本）通过市场调研发现，在 35 岁以上的日本消费者中约有 40% 的人表示，他们在工作时间饮用碳酸饮料的频率与咖啡不分上下，因为两款产品的功能各具特色，如咖啡能够快速提神并提高工作效率，碳酸饮料能够舒缓工作压力和消解紧张情绪。基于这个市场调研结果，可口可乐（日本）产品开发部门尝试将咖啡粉融入碳酸饮料中，开发出具有提神作用的咖啡味可乐。据可口可乐（日本）宣传人员介绍，这是一款能让人们在工作与休息、在通勤路上都能迅速转换心情的成人感碳酸饮料。这款极具挑战性的新品，最早在日本关东、东北等地区售卖时消费者对它好评如潮。

五、基于地理环境的产品创新

黑格尔在《历史哲学》中说道："助成民族精神的产生的那种自然的联系，就是地理的基础……自然的联系似乎是一种外在的东西。但是我们不得不把它看作是'精神'所从而表演的场地，它也就是一种主要的而且必要的基础。"[①] 日本独树一帜的企业文化形成于独特的地理环境。日本是一个由东北向西南纵向延伸的弧形岛国，以温带和亚热带季风气候为主，四季分明。从饮料行业的统计数据来看，不同季节对于不同种类饮品的销量影响较为明显，例如，寒冷的天气能够带动热饮的销量，而酷热的天气能够带动冷饮的销量。对于饮料行业而言，夏季既是各大饮料品牌开展角逐的对战期，也是各类饮品销量大幅度提升的黄金期。为了抢夺先机，赢得市场份额，可口可乐（日本）研发团队集思广益，推出了一款构思精妙的"零下四度"可乐，该产品巧妙地利用了低

---

① 黑格尔.历史哲学 [M].王造时，译.上海：上海书店出版社，1999：85.

第六章　日本可口可乐创新文化的导入及启示

127

温环境中的物理现象，即在瓶内灌入二氧化碳，增大内部气压，以使冰点降低。拧开瓶盖后，二氧化碳在迅速外溢的同时会带走部分热量，加之气压急速降低，冰点急速上升，液体则也就随之变成了冰沙。由于这款饮品需要在零度以下的环境中储藏，因此可口可乐（日本）供销商特别定制了一批自动贩卖机，分别放置于日本的神奈川、福冈等地。

以消费者为主导的包装创新

面对当前复杂的国际形势和竞争激烈的市场环境，如何加强以企业形象为核心的软实力建设，以夺取更大的竞争优势，成为全球企业共同探索的重大问题。为了保持和进一步提升品牌的号召力和影响力，包括中华区在内的可口可乐分销商成立了企业形象、企业声誉研究机构，重点推进企业形象的建设与传播工作。产品形象是企业形象的具象化表现，而包装则是产品形象最直观、最生动的展现。自1957年建厂以来，可口可乐（日本）从未忽略过外观设计和包装创新。营销大师菲利普·科特勒（Philip Kotler）曾指出，持续不断的创新能够更好地满足消费者的需求，从而迫使竞争对手陷于赶超游戏之中。[1] 由此可见，消费者需求是企业进行包装创新的动力和源泉，因此，满足消费者需求被日本企业奉为生存的重要支点。

一、激发消费者传播欲望

传播体系是实现企业传播战略的保障，也是推动企

---

① 陈姣.科特勒营销学新解 [M].北京：中华工商联合出版社，2017：183.

业传播行为实施的基础。从体系上分析企业传播行为，重点在于机构设置、工作机制、平台建设等方面，其中，机构设置是企业传播体系建立的组织基础。[①] 可口可乐设有专门负责瓶身设计的团队，他们利用多变的瓶身与消费者进行亲密接触，并于不同地域、不同节日推出不同款式的瓶身。可口可乐诞生伊始，使用的是直形的玻璃瓶身，但是直瓶太容易被仿制，一时间仿冒品四起，后来可口可乐设计出裙摆样的弧形瓶。1950年，可口可乐的弧形瓶登上了美国《时代》杂志的封面，瓶身是消费者能够接触并认知企业形象的媒介，特别的设计不仅有助于使产品摆脱假货仿制的困扰，而且因亮眼的颜值俘获了众多消费者的欢心。传播渠道是企业传播体系运行的具体载体，常见的企业传播渠道有人际传播、大众传播以及社交媒体传播等。[②] 2014年，可口可乐（日本）推出了歌词瓶，每瓶可口可乐的瓶身上都印有一句打动人心的歌词，消费者可借由"歌词瓶"传递或表露自己的心声，这种具有互动感、参与感，同时又充满娱乐性、趣味性的创新设计，能够让消费者摆脱"简单广告方式的审美疲劳"，情不自禁地产生体验的兴趣和尝试的冲动。2016年，可口可乐（日本）又推出了拉花瓶，只要消费者轻松拉动标签背后隐藏的拉线，可口可乐的标签就会

---

① 胡钰，汪帅东，王嘉婧.论企业形象:如何成为受赞誉的企业 [M].北京: 中信出版社，
2019: 55.

② 胡钰，张楚.企业传播: 认识维度与分析框架 [J].经济导刊，2018（6）: 68-72.

变成一朵色彩艳丽的丝带花，这种别出心裁的包装设计也让可口可乐成功化身为一份别致的礼物。与此同时，企业在线上发布的拉花视频获得了远超预期的点击量，在社交网络上形成了一股热潮，这种带有惊喜感的创新包装，借助节庆的销售热潮，刺激着消费者的购买欲望，引导着消费者的传播行为。

二、引发消费者进行话题讨论

碳酸饮料是可口可乐的经典产品，产品特性决定了企业偏向青年文化、流行文化的路线，企业形象也被贴上了积极、快乐、活力的标签。可口可乐（日本）善于通过多元的营销方式，构建不同的消费场景来吸引年轻消费者的兴趣和关注，并让品牌文化悄无声息地融入他们的日常生活。在漫画杂志《周刊少年JUMP》创刊50周年之际，可口可乐（日本）与《海贼王》《龙珠》《幽游白书》等曾在《周刊少年JUMP》上连载的少年漫画联名推出了限定罐，把不同的漫画场景印在了瓶身上，这一创意也促使产品的销量大幅度上升。此外，可口可乐（日本）还尝试将品牌形象与传统节日、地域文化相结合。例如，在情人节与女儿节（亦被称作"桃花节"）期间推出了包装颜色粉嫩的"蜜桃口味可乐"；在东京迪士尼乐园开园35周年之际，隆重推出包装上面印有迪士尼35周年标识并搭配园内标志性设施的可乐，这些包装设计激发了众多爱好者的收藏欲；2018年元旦，可口可乐（日本）在企业推特上发布了一张充满和风的迎新贺图，并配文抛出一个极具创意感的悬念："新品可口可乐是桃子味的请转发，是年糕味的请点赞。"①此外，为了向日本的城市、历史和文化致敬，可口可乐（日本）包装设计团队推出了东京、京都、北海道、濑户内与熊本5款区域限定的"城市曲线瓶"，每款饮品的瓶身上都印有其观光场所的图像，该系列包装一经推出便俘获了广大消费者的青睐，于是公司又相继推出了针对横滨、上野、埼玉、名古屋、仙台、千叶、名古屋、甲子园、广岛等地的9款包装。

三、迎合消费者关注热点

在日本，包括可口可乐在内的很多企业都在采用热点营销的方式，参与市场竞争，抢夺客户资源。所谓"热点营销"，也称作"借势营销"，是指企业借助民众关注的社会热点进行品牌传播的一种营销模式，这种模式不但能够快速提升品牌的影响力和知名度，而且可以有效增强员工对企业的认同感与归属感。据可口可乐（日本）官网报道，2019年4月1日日本内阁官方长官菅义伟公布了日本新年号"令和"，在新年号推出不到半个小时后，可口可乐（日本）市场部盐田悠二就带领项目组成员完成了标签的设计与印刷；未及1个小时后，东京新桥站前

---

① 日本コカ・コーラ株式会社．もも香る、コカ・コーラ、2018年1月22日新発売［EB/OL］．（2018-01-02）[2019-07-09]. https://twitter.com/CocaColaJapan.

就出现了 2000 瓶"令和可乐"，免费领到"令和可乐"的民众很快便在各自的推特上展示出来。① 与此同时，为顺应快消品数字化升级的大潮，可口可乐（日本）也在企业推特上推出了线上派送"令和瓶"的活动。从市场反响来看，这次利用时政热点展开的营销活动为可口可乐赢得了众多消费者的好感和支持，产品销量也因此出现了大幅度增长。此外，作为备受全球瞩目的体育赛事"奥运会"的忠实合作伙伴，可口可乐公司始终秉持着与奥运精神高度契合的品牌价值观，结合体育明星和赛事热点进行包装设计已然成为常态，创造了不胜枚举的经典案例。

① 日本コカ・コーラ株式会社. 歴史的瞬間をもっと特別なものにする「コカ・コーラ」新元号ボトル！その配布の舞台裏に密着 [EB/OL]. (2019-04-01) [2019-09-08].https://www.cocacola.co.jp/stories/brands_coca-cola_neweraname_bottle_190401.

第四节·
对中国饮料行业发展的启示

一、注重创新人才的培养，提升产品创新的力度

在日本，"以人为本"既是企业文化的精髓和灵魂，也是企业管理遵奉的法则和信条，它倡导唯才是举、各尽其能的人才观。从创新能力的基础要素来看，拥有高水平的创新型人才是推动企业可持续发展的重要力量。就创新能力而言，可口可乐（日本）拥有全球顶尖的产品与包装创新团队，他们采用"抢先策略"开发产品并使之快速进入市场，以保证新产品长期处于领先地位。平均每周推出两款产品的创新效率使其赢得了众多消费者的关注，同时也有效刺激了消费者的购买欲望。相比之下，包括可口可乐（中国）在内的中国饮料行业的产品创新能力则稍显逊色，大都采用了进行仿制的"紧跟策略"。对此，我国饮料企业可以利用地缘优势，高薪聘请创新经验相对丰富的海外创新人才参与新产品的开发及其包装设计，以扭转现阶段整体业绩逐年下滑的颓势。与此同时，我国各大饮料企业应该不断挖掘和培育自己的创新人才，以便在进行产品和包装创新时，能够充分

融入容易引起我国消费者共鸣的传统文化。此外，有必要注重青年人才的选拔和培养，因为青年群体是饮料消费市场的主力军，同时他们对创新文化拥有极强的敏锐感，能够通过多元渠道帮助企业尽快捕捉海内外市场的最新潮流，缩短创新周期，提高创新效率。

二、注重本土文化的导入，增加包装设计的投入

在消费快速升级的全球化时代，产品功能背后的虚拟价值愈发受到关注。从可口可乐（日本）的市场调研结果来看，在面对同类产品选择时，包装设计是吸引消费者关注的重要元素，也是刺激消费者购买的外部助力，所以重视并加强包装创新是提高产品附加值的有效路径。综观全球饮料市场，可口可乐（日本）的包装创新能力首屈一指，而消费者的多元化需求是企业进行包装创新的动力和源泉。除了为每款新品设计包装外，可口可乐（日本）还会结合本土文化对经典产品的包装进行"后向创新"，譬如有代表性的观光景点、季节景观以及民间传说，这些有机融入地域文化的创意包装深受消费者喜爱。尽管如此，每当市面上出现吸引眼球的饮品包装时，嗅觉敏锐的可口可乐（日本）都会迅速做出反应，针对热销产品的亮点进行分析，并尝试将这些文化元素通过创新设计融入自己的产品包装。从实际效果来看，正是这种自我创新又拒绝闭门造车的做法使得可口可乐（日本）在竞争激烈的饮料市场中屡试不爽，如日中天。有鉴于此，中国各大饮料生产商

应该不断提升市场信息的收集速度与处理效率，提高顺势而为的应变能力和开发能力，同时兼顾经典产品与创新产品的推介力度，坚持"前向创新"与"后向创新"并举，把传统文化元素与流行文化元素有效融入产品开发和包装创新中，使之形成历时与共时的协调发展。

三、注重民众消费的需求，丰富市场营销的手段

美国著名社会心理学家亚伯拉罕·马斯洛认为，人都潜藏着七种不同层次的需求，这些需求在不同时期表现出来的迫切程度并不同。[①] 随着人均收入和消费水平的不断提高，全球消费者的需求层次已经发生了深刻变化，质言之，越来越多的消费者正在从生理、安全等低层次需求转向认知、审美等高层次需求。尽管中日文化有别、市场环境迥异，但是两国消费者对于产品的非功能属性都越发重视，尤其对富有创意的个性化产品及其包装爱不释手。鉴于中日文化共通性的存在以及经济全球化进程的加快，两国企业可以根据消费者的高层次需求，进行相互协作，联合创新，以实现单方无法做到的技术突破和产品创新。此外，被誉为"现代管理学之父"的彼得·德鲁克曾指出，企业有创新和营销两项基本职能。[②] 对此，我国饮料企业在推进产品及其包装创新的同时，

---

① 马斯洛.动机与人格 [M].3 版.许金声，等译.北京：中国人民大学出版社，2007：16-23.

② 德鲁克.管理的实践 [M].齐若兰，译.北京：机械工业出版社，2006：41.

应该针对消费者的高层次需求制定符合国家相关规定并适用于中国市场的营销策略，扭转以往单纯依赖传统媒体进行广告宣传或者借助卖场开展促销活动的固化模式，要充分利用新媒体时代以消费者为主体的自媒体力量进行传播，这种通过融媒体平台进行立体传播的方式更容易获得消费者的关注，增加消费者对于产品的了解和信心。与此同时，我国饮料企业可以借鉴可口可乐（日本）式的热点营销、话题营销、口碑营销等手段进行产品推广，引导消费者自发参与到产品传播的过程中，继而实现企业形象与企业声誉的双轨传播和同步提升。

随着经济全球化进程的加快，越来越多的企业走向世界，参与国际市场竞争。创新能力的强弱已然成为企业能否站稳市场并持续发展的关键。企业通过创新能够提升以产品或技术为核心的硬实力，也能够提升以品牌形象或声誉为代表的软实力，从而增强企业的国际市场竞争力。从可口可乐（日本）的发展轨迹来看，强大的创新能力是其保持市场份额的重要原因，它的创新模式不仅为世界各区域可口可乐分销商提供了宝贵的实践范本，而且为其他饮料企业的发展提供了可资借鉴的思路与经验。在全球饮料行业整体业绩下滑的背景下，中国饮料企业应该以可口可乐（日本）为标杆，培养创新精神和创新品格，强化创新意识和创新观念，丰富创新知识和创新方法，提升创新能力和创新水平，以确保企业在激烈的国际市场竞争中持续稳健地发展下去。

第七章

日本文化产业发展模式及路径

JPN

作为世界经济的有机组成部分，近年来文化产业逐渐成为各国推动经济发展的重要力量，在提升国家综合实力与国际竞争力方面作用亦愈加突出。在日本，文化产业是仅次于制造业的第二大支柱性产业。20世纪末"文化立国"战略的实施促使日本在激烈的文化产业竞争中脱颖而出，成功跻身世界文化产业强国之列。对此，美国记者道格拉斯·麦克格林（Douglas McGray）在《日本国民"酷"总值》一文中写道："如今，日本正在重塑它的超级力量。虽然其政治、经济状况表现不佳，但其文化的全球影响力却在悄然上升。事实上，从流行音乐到消费类电子产品，从建筑到时装，从饮食到艺术，日本的文化力远远超过了尚为世界超级经济体时的20世纪80年代。"[1] 罗兰贝格管理咨询公司发布的全球文化产业50大企业排行榜显示，日本入围的企业数量仅次于美国，位列世界第二位、亚洲第一位。在全球经济增速放缓的背景和趋势下，日本文化产业能够取得如此辉煌的成就，与其成熟的发展模式及路径选择不无关系。

---

[1] McGray, D. Japan's Gross National Cool[J]. Foreign Policy, 2002, 130 (5-6)：44-54.

文化产业概念的国别差异

马克思在《1844 年经济学哲学手稿》中将艺术看作精神生产的一种特殊形态 [1]，而后又于 1857 年出版的《政治经济学批判》的导言中提出了"艺术生产"的概念："当艺术生产一旦作为艺术生产出现，它们就再不能以那种在世界上划时代的、古典的形式创造出来，因此，在艺术本身的领域内，某些有重大意义的艺术形式只有在艺术发展的不发达阶段上才是可能的。如果说在艺术本身的领域内部的不同艺术种类的关系中有这种情形，那么，在整个艺术领域同社会一般发展关系上有这种情形，就不足为奇了。" [2] 这个概念可被视为"文化产业"思想的雏形。1926 年，德国学者瓦尔特·本雅明在《机械复制时代的艺术》一书中虽未明确提出却论述了与"大众文化"相关的内容，同时指出："机械复制在世界历史上第一次把艺术作品从它对仪式的寄生式依赖中解放出来了。在很大程度上，复制的艺术品变成了为复制性所设计的艺

---

[1] 马克思 .1844 年经济学哲学手稿 [M]. 刘丕坤，译 . 北京：人民出版社，1979.

[2] 中共中央马克思恩格斯列宁斯大林著作编译局 . 马克思恩格斯文集：第八卷 [M]. 北京：人民出版社，2009: 34.

术品。"① 该论述进一步贴近了"文化产业"的概念。1947
年，法兰克福学派的 M. 马克斯·霍克海默尔（M. Max
Horkheimer）和希奥多·阿多尔诺（Theoder Adorno）在《启
蒙辩证法》一书中明确提出了"文化产业"的概念："生产
领域中广为人知的商品逻辑和工具理性，在消费领域同
样引人注目。闲暇消遣、艺术品与一般意义上的文化，
为文化产业所过滤。随着文化的高雅目标与价值屈从于
生产过程与市场的逻辑，交换价值开始主宰人们对文化
的接受。"② 由此可见，与本雅明观点相左，霍克海默尔和
阿多诺对文化产业持批判态度，他们认为文化产业的发
展不仅使文化产品丧失了艺术性，而且对大众产生了极
大的欺骗性和误导性。

1961 年，欧洲委员会和联合国教科文组织把
"industry"（工业、产业）一词变成复数，用来指代文化
在当代社会中的存在和作用。此后，"文化产业"作为
一个学术概念被推广到文化、经济等领域。尽管欧美国
家对文化产业和文化工业的理解相差无几，但是不同的
研究视角和发展重点使各国学者对其名称的描述不尽相
同，如美国称之为版权产业，英国称之为创意产业，日
本称之为内容产业。从相关定义来看，联合国教科文组
织对"文化产业"的界定更加国际化，即基于全球视角提

---

① 转引自：朱宾忠. 欧美文艺思潮及文学批评 [M]. 武汉：武汉大学出版社，2016：
134.

② 刘友芝. 现代传媒新论 [M]. 武汉：武汉大学出版社，2006：21.

出"通常包含印刷、出版、多媒体、视听、唱片、电影制品，以及工艺品和设计，在某些国家它还包括建筑、表演艺术、运动、乐器制造、广告和文化旅游"[①]。在国内既有文献中，张晓明、尹昌龙和李平在《文化蓝皮书：国际文化产业发展报告（第一卷·2007）》中为"文化产业"所下的定义引用率最高，即"通过从事广告、出版、媒体、唱片、演艺和电视及无线电广播等业务的公司而生产文本、符号及相关产品的产业。"[②]此外，国家统计局统计设计管理司在《文化及相关产业分类（2012）》中也为"文化产业"下了一个较为宽泛的定义："为社会公众提供文化产品和文化相关产品的生产活动的集合。"[③]同时，根据文化管理需要和文化生产活动的自身特点，将文化产业划分为新闻出版发行服务、广播电视电影服务、文化艺术服务、文化信息传输服务、文化创意和设计服务、文化休闲娱乐服务、工艺美术品的生产、文化产品生产的辅助生产、文化用品的生产与文化专用设备的生产10个大类。在堪称"文化资源大国"的日本，"文化产业"一词的定义认可度较高的是日本经济产业省做出的解释，即"内容"（狭义）是想要传达的、世界观的、很突出的东西

---

① Cano, G. A., Garzón, A. & Poussin, G. Culture, Trade and Globalization: Questions and Answers[M]. Paris: UNESCO Publishing, 2000: 12.

② 张晓明, 尹昌龙, 李平 . 文化蓝皮书: 国际文化产业发展报告 (第一卷 · 2007) [M]. 北京: 社会科学文献出版社, 2007: 352.

③ 国家统计局设管司 . 文化及相关产业分类 [EB/OL]. (2012-07-31)[2019-08-09]. http://www.stats.gov.cn/tjsj/tjbz/201207/t20120731_8672. html, 31/07/2012.

等。在逻辑或语言上比较难以说明"想要传达的",通过影像、音响等技术向他者传递,这就是所谓的内容,而它的制作和流通这一商务形式就构成了内容产业。在日本数字内容协会发布的『デジタルコンテンツの市場規模とコンテンツ産業の構造変化に関する調査研究』(《关于数字内容市场规模与内容产业构造变化的调查研究》)中,内容产业被进行区格划分:一是按照承载媒介,可划分为由通过各种各样的传媒进行流通的影像、音乐、游戏、动画、声音、文字等表现要素构成的信息内容和以数字形式记录下来的数字内容;二是按照类别,可划分成影像业(电影、动漫)、音乐业、游戏业、出版业(普通图书、教材、动漫书刊)。[①] 从发展态势来看,动画片、游戏软件与音乐产品是目前日本最具国际影响力与竞争力的文化产业类型。

尽管文化创意产业与文化产业有着很大程度的重合,但两者并非不分轩轾。较之于文化产业,文化创意产业的内容更宽泛,其名称本身囊括了"文化""创意""产业"三个重要关键词,不仅涵盖消费性文化创意产品,还包括文化产品在内的各种产业提供的中间产品。除此之外,文化创意产业的特质更鲜明,它不但强调创造性和创新性,还重视同其他产业的融合。文化创意产业的概

---

① 財団法人デジタルコンテンツ協会. デジタルコンテンツの市場規模とコンテンツ産業の構造変化に関する調査研究 [R]. 東京:財団法人デジタルコンテンツ協会,2009:1-212.

念最早出现于 1998 年英国政府出台的《英国创意产业路径文件》，文件中提到的文化创意产业是一种源于个人创造力、技能以及才华，通过知识产权的开发和运用，具有创造财富并增加就业潜力的产业，包括广告、建筑、艺术品和古玩、设计、时装、电影、动漫、工艺品、音乐、表演艺术、出版、互动休闲软件、电视和广播等行业。① 此后，"文化创意产业"逐渐发展为一个特定概念，但因经济环境和文化背景等方面的差异，各国对文化创意产业的阐释也不尽相同。在日本，文化创意产业亦被称作"感性产业"，总体上倾向于文化产业和产业服务，主要包括内容产业、休闲产业与时尚产业，具体分类详见图 7-1。

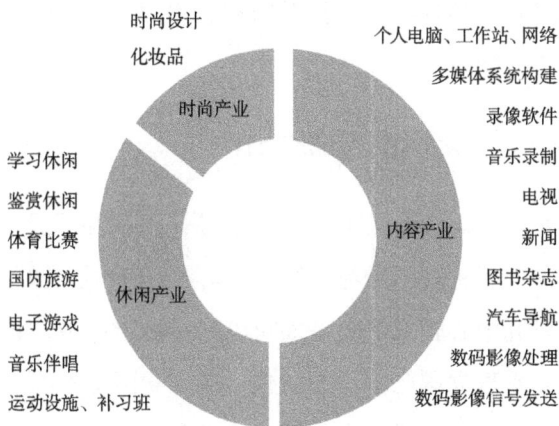

时尚设计
化妆品

时尚产业

个人电脑、工作站、网络
多媒体系统构建
录像软件
音乐录制
电视
新闻

学习休闲
鉴赏休闲
体育比赛
国内旅游
电子游戏
音乐伴唱
运动设施、补习班

休闲产业

内容产业

图书杂志
汽车导航
数码影像处理
数码影像信号发送

图 7-1　日本文化创意产业分类

① 丁芸，蔡秀云．文化创意产业财税政策国际比较与借鉴 [M]．北京：中国税务出版社，2016：32.

第二节·
日本文化产业的主要模式

从全球文化产业发展模式来看，大致可分为以下三种：以美国为代表的市场机制主导下的资本技术推动型发展模式、以英法为代表的以深厚文化底蕴为基础的文化资源驱动型发展模式和以日本为代表的政策扶持下的政府主导型发展模式。在过去 40 年间，凭借独特的发展模式，日本文化产业发展势头迅猛，如丸走坂，时至今日，文化产业已然成为日本提升国家软实力、参与国际竞争的核心力量。

一、"文化立国"战略的支撑

明治维新以降，日本的国家发展战略先后经历了"军事立国""经济立国"与"文化立国"三个阶段，国际日本文化研究中心教授川胜平太阐述道："由于战败，日本人意识到军事立国已落后于时代，经济立国也不能满足心灵的需求，应以军事力量用于防卫和维持和平行动，经济力量用于推动文化发展。"[①] 第二次世界大战结束以后，

---

① 梁守德，李义虎.全球化与和谐世界 [M].北京：世界知识出版社，2007：163.

日本国力衰弱，百废待兴，实业振邦成为该时期日本政府的治国重点。在创造了举世瞩目的经济奇迹后，受制于狭长浅陋的地理环境，囿于难以自足的自然资源，日本的经济发展陷入瓶颈期，寻找新的经济增长点成为20世纪末期的主要任务。对此，一些学者提出日本经济的快速发展与其善于吸收外国先进文化的民族特性有着密切关系，在国民经济增长率相继超过法国、英国及德国的当下，应该尽快扭转单向性地接受外来文化的被动局面，在建立文化自信的基础上通过文化输出带动本国经济发展，而后该提案得到日本政府的支持和响应。1986年，日本文部省创立"日本国际文化交流中心"，时任首相中曾根康弘在《建设具有文化力的国际国家日本》一文中说到："如果我们只停留在发展经济全球化，而不发展文化、政治等影响力的话，就不配做一个真正的世界领袖国家。"[1] 此后，日本的国家发展战略逐渐由"经济立国"向"文化立国"转型。1995年，日本文化政策推进会议发表了以《新文化立国：关于振兴文化的几个重要策略》为题的报告，明确提出21世纪"文化立国"的战略目标，次年7月《21世纪文化立国方案》的出台标志着文化产业发展被正式提升至国家战略的高度。

---

① 转引自：沙薇，张娅萍，张利．新编日本文化概论 [M]．北京：光明日报出版社，2015：207．

二、"产学官"合作模式的推进

"产学官"协同合作是日本政府管理文化的特色之一。被置于首要位置的"产",是指由经济产业省管辖的企业,"学"指的是由文部科学省管辖的大学与国立研究机构,"官"指的是政府职能部门及半官方中介机构。三者各取所长,融合发展,彼此间的互联互动形成了政府与学界、学界与企业、企业与政府之间的合作网络。其中,日本政府在引导文化产业发展的过程中起到了主导作用,主要承担着制定政策、配置资源、引导产学官高效合作及评价成果等重任,并且通过投资补贴、税收减免等优惠政策支持创新型企业的创立和发展。在学术机构方面,新世纪以来越来越多的日本大学开设技术管理专业,根据本土文化产业发展之需培养既懂技术又善管理的复合型人才。从实际培养效果来看,这些人才走进社会后对推动产学合作中的技术预测、技术市场化、技术战略制定、先进技术发掘、知识产权管理等方面的实质性融合贡献卓著。在企业方面,日本大型企业在国家创新体系中发挥着不可估量的作用,尤其自 2003 年以来,很多大型企业设立研发机构,成为学术机构技术成果转化的合作对象。与此同时,日本政府也非常重视对文化企业的培育。时至今日,东映株式会社、宝冢歌剧团、大日本印刷株式会社、电通集团等均已成为享誉全球的知名企业。

三、国际文化品牌战略的支持

为了不断提升文化产业的海外知名度与国际影响力，日本政府积极策划与开展对外文化交流活动，每年都会支出数亿日元用来宣传和展示日本文化的魅力。首先，日本政府通过综合援助的方式鼓励本国民间文化团体前往世界各地举办富有民族特色的花道、茶道、相扑、歌舞伎等表演活动，如今这些活动都已成为世界级的综合型文化产品展，深受海外民众的欢迎和喜爱，实现了经济效果和传播效果的双赢。其次，日本政府依托贸易振兴机构海外窗口，通过日本国际创意产业节、日中韩文化产业论坛、亚洲创意产业商务峰会等大型国际会议介绍日本文化产业资源的开发现状，借此契机不断扩大相关文化品牌的知名度。再次，日本政府为文化企业搭建版权交易平台，在国内举办国际文化产品节、东京国际电影节、东京国际动漫节、东京亚洲音乐节以及东京电玩展等诸多大型文娱活动，以此展示最新的游戏、动画、漫画、卡通商品、广播电视、音乐、电影等文化产品。最后，日本政府通过"总理大臣授奖"的方式鼓励为日本文化产业发展尽心竭力的本土人才，同时还为积极推广和宣传日本文化的外国人设立了"国际漫画奖"等奖项，希望能够以此向世界传达日本文化产业的发展趋势和最新动向，不断提升日本文化产业的海外形象，促使"日本文化魅力"屹立于世界民族之林。

四、日语语言文化推广政策的推动

随着现代社会经济的快速发展，语言文化与经济的联系日益紧密。在日本，以语言文化为核心内容的产品开发与服务发展已趋成熟，比如语言翻译服务、语言培训产业、语言能力测试、语言信息处理服务。自 1981 年起，日本政府就将日语推广纳入了开发援助计划，稳定的经费来源促使日语国际推广事业发展迅猛。1984 年，日本国际交流基金会和日本国际教育支援协会联合启动了"日本语能力测试"，上述两大机构最新的数据统计显示，自该测试启动以来，举办国数量有增无减，报考人数也急剧增加（见图 7-2）。截至目前，除日本本土外，全球共有 73 个国家和地区的 228 座城市举办该项测试。日语的海外市场需求如此旺盛，与其自身承载的文化吸引力密不可分。巴黎第七大学东洋语言文化系教授赛希尔·萨卡伊曾说，巴黎第七大学东洋语言文化系的学生学习日语的目的在于读懂日本漫画，前驻香港领事馆的山口敏行也表示，在香港把看懂日本动漫、影视剧或听懂日本音乐作为学习目标的青年人逐队成群。① 由此可见，日语语言文化是推动日本文化产业发展的核心载体，也是带动日本文化产业发展的外部动力。

① 李海春.日本内容产业现状及发展要因 [J].现代传播，2007（1）：112-116.

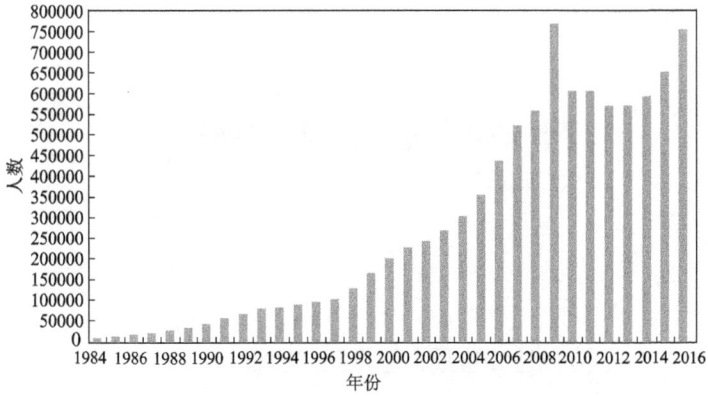

图 7-2　日本语能力测试考试人数变化趋势

图片来源：日本語能力試験公式ウェブサイト

第三节 · **日本文化产业发展路径分析**

一、完善法律法规，强化部门职能

首先，不断完善法律法规以维护文化产业健康有序的发展。21 世纪以来，日本相继出台了一系列保护和推动文化产业发展的法律法规。例如，2001 年，为了实现日本文化艺术的振兴和推动文化艺术工作者的自主性活动，日本政府颁布了《文化艺术振兴基本法》；2002 年，针对特许权、著作权的保护，日本政府制定了《知识产权基本法》；2004 年，《内容产业促进法》的出台不但推动了日本文化的传承和传播，而且扩展了日本文化产业的国际市场；2005 年，在强化已有知识产权的同时，日本政府将发展重点转移到国际知识产权问题上，制定出《知识产权推进计划 2005》，极大增强了日本文化产业的国际竞争力。其次，加强职能部门对文化产业的管理。作为日本政府管理体系的核心部门之一，经济产业省在文化管理中发挥着举足轻重的作用，主要是从经济层面对文化产业的发展给予科学的指导和引导；而为加快日本文化产业一体化进程而设立的知识财产战略本部，则是根据国内外消费者的迫切需求及时更新或调整知识财产推进方案，并协同知识产权调查会、财团法人知识产权研究所共同推进文化产业发展。此外，日本政府还通过战略会议、恳谈会、审议会等广集业界与民众智慧，群策群力共商文化产业的发展路径，以确保日本文化产业发展决策的科学性和先进性。

二、发展高新技术，增强研发实力

高新技术既是支撑文化产业发展的核心力量，也是国家综合实力建设的重要体现。20世纪后半叶，日本在追赶欧美发达国家的进程中，依靠"技术引进吸收再创新"的模式获得了巨大成功。然而，随着欧美国家对新知识、新技术输出限制的愈渐严苛，日本也越来越难以依靠外来技术供给促进本国经济的增长。在此背景下，日本政府通过立法和制订计划、强化基础研究以及开发原始独创性技术等途径，大力推进与自主创新相契合的技术创新文化，具体包括调整科技政策、建立研究机构和企业之间的密切联系、支持创新型中小企业、鼓励发展地区性科技集群等，就实际效果而言，这些举措为日本高新技术的突飞猛进提供了利好的内部环境。此外，日本企业还推行一系列改革措施，以增强技术研发实力：其一，对研究开发组织结构进行调整，很多企业通过合并或集中的方式提升研究开发效率；其二，对人力资源管理制度进行变革，通过引入灵活的工时制度和以个人能力

为评价标准的年薪制度，激发员工的积极性和创造性；其
三，对海外研发活动加大资金投入，借助海外销售平台
及时掌握行业发展的最新动态，持续推进技术创新，不
断增强自主开发能力。

三、丰富创新内容，加大创新力度

文化产品既是文化价值和商品价值并存的有机载体，
也是文化内容和经济内容相互渗透的综合产物。文化产
业的发展有赖于技术、产品、制度、组织、市场等诸要
素的创新，其中，技术和产品创新是根本，它们既可为
制造业不断注入新的活力，同时也能为文化产业发展带
来无限生机。日本是一个创新意识与创新能力兼而有之
的国度，在推动文化产业发展的过程中非常重视技术创
新和产品创新。步入以信息技术为主导的知识经济时代，
日本政府很快意识到通信网络与通信技术对文化产业发
展具有不可估量的影响和作用，于是积极推动文化产业
与信息技术产业的融合，进而实现两者用途和价值的最
大化，同时联合企业借助关联创新发挥各种媒介的乘数
效应，持续开发文化产品及其衍生产品。其中，不少文
化产品将其本国元素巧妙地融入现代科技，一经推出便
会引起业界人士的广泛关注，受到国内外消费者的狂热
追捧。如今，以网络游戏、数字影音、数字动漫为代表
的日本文化产品已经具备了强大的国际竞争力，在世界
文化产业市场中占有重要地位。

四、坚持集思广益，拓宽融资渠道

尽管融资难是全球文化企业发展无法绕开的难题，但在日本却有着多元化的融资渠道和平台，如现阶段普遍采用的知识产权担保和制作委员会两种融资模式：前者解决了文化企业融资因缺少实物性担保而难以获得贷款的弊端；后者则是将文化产业链上的相关主体通过利润共享与风险共担紧密联系起来，有利于加强合作和建立信任，是不依赖银行贷款而自行解决中小文化企业资金不足的有益尝试。增本贵士认为，制作委员会融资模式有三大优势：一是有利于参与"媒介组合"的各种文化企业发挥各自优势；二是有益于节省寻求新商业合作伙伴的交易成本；三是有助于分散项目投资的一系列风险。[①]此外，日本政府与民间投资联盟积极推动和促进文化产业投资，除设立专项基金、提供综合援助、给予财政补贴、实行低息贷款及税收优惠等措施外，还通过各类基金会的创办鼓励并引导大型企业、民间资本等力量支持文化产业的发展。

综观日本文化产业发展史可知，依靠成熟的发展模式及路径选择，日本的文化产业发展取得了举世瞩目的成就，不仅在短时期内摆脱了亚洲经济危机的消极影响，而且形成了良性运行、协调运转的产业结构体系，完成

---

① 增本貴士. 資金調達方法にみるデジタルコンテンツの流動化 [J]. 情報処理学会研究報告，2007（12）：29-36.

了经济的内在结构性调整，稳固了经济强国的地位。但
需要注意的是，日本文化产业的发展模式并非毫发无憾，
也存在着过度娱乐化、产业面窄化、价值引领缺乏等问
题的困扰，并面临着来自人口结构和文化兼容度等方面
的挑战。在竞争日益激烈的经济全球化时代，文化产业
已然成为各国增强国家软实力、提升国际影响力的关键。
对于文化产业发展起步较晚的中国而言，积极吸收和借
鉴日本等文化产业强国的成功经验，既有利于促进我国
文化事业和文化产业同发展、共繁荣，也有助于改进我
国文化产业发展的战略部署，加快由文化大国向文化强
国迈进的步伐。

CHAPTER 8

随着全球经济一体化、政治多极化的趋势日益显著，世界各国之间的竞争也愈演愈烈。"竞争战略之父"迈克尔·波特（Michael Porter）认为，在国家竞争优势与产业的关系中，第四个关键要素就是企业。[①] 国家竞争优势取决于产业竞争力，而产业竞争优势来源于企业竞争力。企业竞争力的提升需要通过对产品功能和用户功能的整合来实现。作为连接产品和用户的桥梁，品牌具有独立且不可替代的巨大价值，它既是形成企业价值的重要经营资产，也是企业谋求差异化和获得竞争力的主要源泉。因此，不断加强品牌建设与提升品牌信任度是各大企业参与市场竞争并获得优势的重要手段。

---

① 波特.国家竞争优势 [M].李明轩, 邱如美, 译.北京: 华夏出版社, 2002: 67.

企业品牌信任度现状

　　爱德曼国际公关公司全球总裁兼首席执行官理查德·爱德曼（Richard Edelman）表示："信任度对未来的成功至关重要。"[1] 在当今世界经济普遍下行以及社会不确定性不断增多的背景下，公众对政府、媒体、企业、非政府组织四类机构的信任度提出了更高的要求。如前文所述，企业形象是由多种因素构成的综合体，譬如企业品牌信任度就是其中因素之一。品牌信任是一个多维度、多层次的概念，构成因素主要包括品牌质量、品牌形象、服务理念、消费者使用感受等。企业形象与品牌信任之间的双向互动关系：一方面，可以概括为良好的企业形象既能够增强顾客对企业品牌的信任度，也容易获得更多消费者的青睐，使得企业在市场竞争中占据绝对优势；另一方面，良好的品牌信任度会吸引更多的顾客，从而使企业获得更多的口碑传播的主体资源，而大量口碑传播的创造对于企业形象的塑造尤为重要。

---

[1] 爱德曼国际公关公司. 2018 年度爱德曼全球信任度调查中国报告 [R]. 北京：清华大学，2018：3.

一、中国企业品牌信任度指数解读

《2018 年度爱德曼全球信任度调查中国报告》(以下简称《爱德曼报告》)显示,近 5 年来,中国企业品牌虽在国内信任度稳步攀升,但在海外却没有名价日重,反而呈现出本土信任度与海外信任度愈渐失衡的态势。爱德曼咨询公司本次发布的中国企业品牌信任度指数主要基于全球 28 个国家和地区逾 3.3 万受访者的评价,在线调查工作于 2017 年 10 月 28 日至 11 月 20 日间展开,受访者由 15% 的有识公众和 85% 的普通公众构成,其中有识公众是指年龄在 25 至 64 岁之间、具有专科以上学历、收入水平居于所属地区前 25%、经常阅读并参与商业新闻讨论的群体,其他人则属于普通公众。

从爱德曼公司对 2014—2018 年中国品牌信任度的调查数据(图 8–1)来看,中外受访者对中国企业品牌的信任度大相径庭。简而言之,中国受访者对总部设在中国的各大企业的信任度基本上处于逐年上升态势,及至 2018 年这些企业更是获得了 90% 的超高信任度。相比之下,海外受访者对中国企业品牌的信任度指数却长期徘徊在 31%—33% 的低值区间,与中国受访者持续增长的信任度呈现出截然不同的趋向。无论在努力提升环境状况方面,还是在拥有透明与开放的商业运营方面,抑或是正在努力让世界变得更好以及分享企业价值观等一系列指标中,海外受访者给出的分数普遍偏低,个别指标分值甚至不及30%。这表明，近年来中国企业品牌的海外传播力度不够，效果也不甚理想。

尽管"一带一路"倡议的推进加快了中国企业"走出去"的步伐，但由于各国发展水平存在差异，利益诉求多元，以及国家之间的关系日益复杂，同时缺乏有力的舆论引导，很多海外民众对中国企业的发展和成就不甚了解或通过西方媒体带有主观立场的报道对中国品牌一知半解，这在很大程度上影响了其对中国企业品牌的认知和评价，转而影响到中国企业拓展海外市场的进度和速度，使中国企业难以在激烈的国际市场竞争中占得先机，取得主动权。因此，如何有效提升中国企业品牌的海外信任度，是各级政府、企业管理者以及相关领域研究者需要共同思考和深入研究的重要问题。

图8-1　爱德曼中国品牌信任度调查数据

二、中国企业品牌海外信任度低的原因分析

（一）中国企业品牌传播理念相对保守

在经济全球化进程中，中国企业的对外传播因循守旧，缺乏新形势下传播理念及思路的创新突破。究其原因，一方面，中国企业与政府唇齿相依，大部分传播理念源自官方长期实践所积累的丰富经验，但在经济全球化快速推进的形势下，这些缺乏创新意识的传播理念很难让海外消费者把中国品牌与高科技、高品质和高增值联系起来，很难扭转其对中国产品"低质山寨"的刻板印象。另一方面，很多企业负责人受到"多说多错、少说少错、不说不错"等传统思想观念的束缚和禁锢，既不习惯主动发声，也不善于涉外交往，更不愿意与"狂轰滥炸"的西方媒体进行正面交锋，开诚布公地回应质疑或者及时沟通以消除误解并及时避免不必要的纠纷和冲突，这也是中国企业首席执行官在海外信任度不高的主要原因。

（二）中国企业品牌营销相对滞后

从 2017 年《财富》杂志发布的世界 500 强企业榜单来看，以国家电网、中国石化、中国石油为代表的中国企业表现不俗。然而，这个榜单并未让海外受访者对正在崛起的中国企业产生更多的认同感。《爱德曼报告》调查数据显示，有 63% 的受访者认为中国企业缺乏道德、透明、开放的商业运营，66% 的受访者认为中国企业没

有在环境保护上付出努力，还有 63% 的受访者认为中国企业"没有让世界变得更好"。这几个数字表明，中国企业仍处于美誉度与贡献度不相匹配的境况。事实上，这与中国企业品牌营销的相对滞后不无关系。企业品牌营销在中国起步较晚，缺乏战略性品牌运营和品牌管理机制，所以面对激烈的国际品牌竞争时，尚不能灵活地运用整合营销传播的战略战术进行品牌的国际化推广，海外受访者自然也就难以及时了解中国品牌的成长和进步。

（三）西方媒体对中国企业的压制

近年来，尽管中国的综合国力不断增强，国际地位日益提高，在国际事务中的作用也越来越大，但因意识形态与社会制度的差异而被西方视为"潜在的对手"或"虚拟的敌人"，西方一些媒体在一定程度上有排斥、压制中国及其企业的舆论倾向。从相关报道来看，西方媒体带有排他性的报道严重影响了中国企业正面形象的塑造，如 2017 年 2 月，一家西方媒体摄录的视频将中国矿企推上舆论的风口浪尖，在其他西方媒体的大肆炒作下，苹果、三星等企业纷纷与当地中国企业"撇清关系"，但后经《环球时报》调查发现，这是一起西方媒体歪曲事实、抹黑中国企业的诋毁事件。可以说，西方媒体对中国企业的形象塑造产生了不少负面影响，这或许是《爱德曼报告》得出的"一带一路"倡议在海外反馈积极，但认知度偏低的结论的症结所在。

三、中国企业品牌海外信任度的提升路径

（一）讲好企业故事

"事实胜于雄辩"是中国传统思想观念，它不仅影响着中国人的处世行为，而且渗透在中国企业的经营活动中，最突出的便是很多中国企业不愿意在公关、宣传上投入太多的精力和资源，它们认为只要项目运作成功，企业品牌的信任度自然会建立起来。然而，"一带一路"沿线国家的社会局势和舆论环境复杂多变，受西方资助的当地媒体对涉华事件的报道或解读往往夹杂着有失公允的主观偏见，这对中国企业海外形象和品牌信任度往往造成不利影响。因此，通过本国媒体或公正客观的第三方媒体讲好中国的品牌故事至关重要。

1. 站在受众的立场讲故事

世界各国各具特色的地域文化在不断摩擦、相互碰撞中相互渗透，趋向融合。事实上，进行跨文化交流既需要词义层面的语言转换，也需要内容层面的文化互认。习近平总书记在全国宣传思想工作会议讲话中强调："要精心做好对外宣传工作，创新对外宣传方式，着力打造融通中外的新概念新范畴新表述，讲好中国故事，传播好中国声音。"① 每一个成功企业的背后都有着鲜为人知的

---

① 冯力. 创新对外宣传工作应在四方面下功夫——学习领会习近平总书记 8 · 19 重要讲话精神 [EB/OL]. （2013-10-15）[2019-08-30]. http: // theory. people. com. cn/n/2013/1015/c40531-23211378.html.

"酸甜苦辣"，无论以新闻形式呈现，还是以文学手法创作，讲好企业故事和品牌故事是赢得海外民众信赖的关键。然而，在"一带一路"倡议推进过程中，因对当地价值观念、伦理道德、民族习惯认知的不足而产生的各类文化冲突层出不穷，这也使得中国企业在输出品牌文化时举步维艰。因此，"走出去"的中国企业既需要懂得当地语言的中国员工，同时也需招揽一批熟谙当地文化且可胜任宣传公关的本土人才，使其发挥身份优势，以当地受众易于理解和接受的方式传播企业文化，讲好品牌故事。

2. 创建自己的媒体讲故事

《爱德曼报告》显示，有近60%的海外受访者表示他们对中国企业的了解来源于媒体报道，而非亲身体验。理查德·爱德曼认为，中国企业品牌海外信任度偏低在很大程度上是因为本土媒体报道中缺乏客观事实与理性言论。例如，在海尔收购美泰事件中，《得美因纪事报》没有从海尔驻美机构得到满意的答复而给当地民众传递了一个负面信号，最终导致收购失败。又如，在2016年引起轩然大波的"塑料大米"事件中，法新社援引一名不具名的尼日利亚海关官员的话，怀疑"这些大米来自中国，后经拉各斯港进入尼日利亚"。结果，《英国卫报》、英国广播公司、美国之音等多家西方媒体未经核实便直接转载了法新社的报道，这种不负责任的传播极大降低了海外民众对中国的信任度，也严重影响了中国企业品牌形象的海外塑造和传播。鉴于此，中国企业应该加强与海外华文媒体的交流合作，借助其融通中外语言文化的独特优势传播企业理念，展示企业风采。此外，也可以尝试在"一带一路"沿线国家搭建起自己的媒体平台，以此解决国际传播的本土化问题，利用自己的媒体力量讲好品牌故事，提升品牌形象。

（二）推广企业品牌

随着经济全球化和区域经济一体化的不断深入，企业之间的竞争逐渐从价格竞争、技术竞争跨入品牌竞争的新阶段。2014 年，习近平总书记在河南考察中铁工程装备集团有限公司时强调中国产品要"向中国品牌转变"①。实施品牌战略是企业实现可持续发展的不二法门。"一带一路"与"互联网+"行动计划的推进，为中国品牌的海外推广提供了前所未有的机遇，中国企业需要在提升管理水平和进行技术创新的基础上，树立品牌服务意识，培养高素质网络营销人才，创建适合当地市场环境的网站，以此提升企业品牌的海外知名度和美誉度，赢得海外民众对中国企业品牌的信任。

1. 依托"一带一路"实施品牌推广

如今，中国企业在全球诸多领域逐渐从"跟跑者"向"并跑者"甚至"领跑者"转变，"中国制造"正加快走进

---

① 以品牌建设实现中国产品向中国品牌转变 [EB/OL]. (2014-05-28) [2019-06-08]. http://www.cqn.com.cn/zgzlb/content/2014-05/28/content_2206032.htm.

"一带一路"沿线国家的日常生活。然而，从中国消费者在"双十一"海淘哄抢日本马桶盖、美国手机、韩国彩妆以及澳大利亚奶粉等相关报道来看，现阶段中国企业在品牌建设和推广方面仍然面临着严峻挑战。究其原因，海外形象建设力度的不足，加之科学传播机制的缺乏，使得中国企业品牌并未获得海外民众的广泛赞誉和认可，这充分体现在《爱德曼报告》中。因此，中国企业应依托"一带一路"倡议，不断加强品牌传播机制建设，丰富品牌内涵，创新品牌传播方式和手段，促进具有技术代表性与创新性的中高端品牌的塑造与推广。

2. 培养品牌推广的国际化人才

蒙牛乳业集团创始人牛根生曾提出"三级火箭论"，认为企业在不同的发展阶段需要的人才也不尽相同。随着经济全球化的不断推进，发展中国家的关税壁垒逐渐减少，越来越多的中国企业瞄准海外市场，参与国际竞争。然而，中国企业中从事品牌推广的大部分员工缺少国际营销的知识背景，更缺乏处理文化冲突的科学方法与实践经验，因此，鼓励高校结合国外优质教育资源培养国际化营销及品牌传播人才乃当务之急。一方面，高校可聘请国外相关领域的知名教授或企业管理者来华讲学，使中国学生能够获得针对性更强的理论指导，了解更多的成功案例；另一方面，高校可选派优秀学生前往国外高校或到国外企业学习、实习，掌握最前沿的品牌知识，积累更丰富的实践经验。

（三）分享企业价值观

企业价值观是企业在长期的生产经营活动中逐渐积累而形成的精神和理念。作为企业文化的核心内容，正确的企业价值观不仅有益于增强内部凝聚力，而且有利于外部影响力的提升，对于企业实现可持续发展具有重要的战略意义和指导作用。从爱德曼发布的信任度调查报告来看，有超过半数的海外受访者认为，中国企业既了解当地客户的需求，也能够提供高性价比的产品或服务，创造更多的就业机会，但对中国企业传播的价值观表示认同的比例却仅为29%，这也是中国企业在该报告中得分最低的一项指标。这说明许多海外民众看到了中国企业具有的市场价值与社会价值，但以价值观为代表的软实力建设尚未得到相匹配的认可度，所以，如何有效传播企业价值观是中国企业亟须解决的重要问题。从美国、日本等发达国家企业价值观的传播途径来看，美国主要是通过经典案例的教材化进行传播，理查德·洛威尔（Richard Lovell）的《可口可乐不规则营销》、约翰·迪克（John Dick）的《沃尔玛帝国》、兰德尔·E. 斯特劳斯（Randall E. Stross）的《微软之路》、雷·克罗克（Ray Kroc）等著的《苦心经营——麦当劳创业史》等都是世界著名商学院工商管理学硕士课程使用的教材，这些对于美国相关企业价值观的海外传播影响巨大。相比之下，日本则是依靠成功企业家管理思想的哲学化进行传播，松下幸之助提出的"水之哲学"（见图 8–2）、稻盛和夫提出的"创造力 = 思维方式 × 热情 × 能力"、盛田昭夫提出的"以新制胜"以及柳井正提出的"为所有人而打造"（made for all）等都是享誉全球的企业管理哲学，这些成功模式和经验均可为中国企业价值观的对外传播提供参考和借鉴。

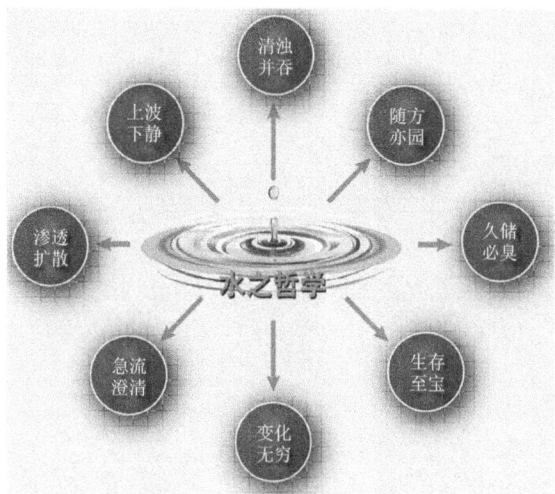

图 8–2 松下幸之助"水之哲学"

作为检验中国企业"走出去"效果的重要依据，《爱德曼报告》客观反映出中国企业品牌海外建设力度的不足和路径的局限。从未来的发展趋势来看，我国企业若想在竞争日趋激烈的国际市场中脱颖而出，一方面，国内学界需要给予足够的重视，对中国企业品牌海外信任度偏低的具体原因进行更加细致的梳理和分析，做出阶段性总结，而后从不同维度有的放矢地提出切实可行的传播方案，推动我国企业品牌科学传播机制的形成；另一方面，在确保产品和服务质量的基础上，我国企业必须严格遵守商业道德、注重环境保护，并进一步拓宽海外传播途径，增强海外传播力度，发挥自身优势，讲好企业故事，以此扭转品牌信任度持续低迷的局面。

企业形象的传播策略

随着互联网与信息技术的高速发展，当今世界已经迈入新媒体时代。新媒体技术手段的运用使得信息传播的速度和效度产生了质的飞跃。在新媒体时代，全球企业的竞争焦点逐渐从以产品质量为核心的硬实力比拼转向以企业形象为代表的软实力角逐，这意味着企业形象的传播效果将成为影响企业能否赢得国际市场竞争的关键因素。企业形象是企业文化建设的重要内容，拥有良好的企业形象既有利于招揽优秀人才，促进企业可持续发展，又可以吸引大批潜在的客户群，创造可观的经济效益。相较于欧美国家，我国企业的形象建设起步较晚，在激烈的国际市场竞争中尚处于劣势。因此，如何在新媒体时代塑造和传播良好的企业形象、打造享誉全球的企业品牌，是现阶段我国企业亟待解决的重大课题。

一、企业形象的传播策略

（一）找准企业形象定位

企业形象是一个企业的个体形象、类形象、组织形象、艺术形象、自为形象的复合集成。[①] 企业在塑造形象的过程中，不能大大落落，信马由缰，必须针对企业属性，结合自身经营特色、市场环境等因素制定科学的传播策略，即有目标、有计划、有章法、有针对性地对外展示正面、阳光的社会形象。从全球知名企业来看，它们在塑造形象的手段上存有很多相同之处，例如，以人为本的管理、顾客至上的服务以及社会责任的担当。当然，不同类型的企业也有明显的差异性，例如，科技型企业特斯拉的企业形象偏重创新性、餐饮类企业海底捞的企业形象偏重服务性。然而，无论企业属于何种类型、具有何种特性，找准形象定位是制定传播策略的前提和基础，更是取得竞争主动权的关键，企业只有明确形象定位，做好形象规划，才能有效地推进形象的塑造和传播。

（二）创建协同式传播矩阵

在大众传播时代，企业的形象传播主要是通过电视、广播、报刊等传统媒介实现的。步入互联网时代后，随着网络融合的不断升级，社交媒体的属性不断增强，传播不再是单一信源影响多点的单向传播，而是形成了多元复杂的传播关系网络，往往是多类型、多品种、多模式的传播交互进行，趋势是逐渐转向人际传播。过去，消费者接到媒介发出的信息就代表着一次传播行为的结

---

① 罗长海，林坚.企业文化要义[M].北京：清华大学出版社，2003：186.

束，而现在的传播能够在消费者接受信息后触发其作为中间传播者进行二次传播。因此，企业有必要建立起协同式的传播矩阵，根据传播内容选择立体多元的传播方式，不能拘泥于"以一应百"的旧式传播战略，而是要充分调动各类资源，促使企业形象的传播达到最佳效果。需要注意的是，这种协同式传播既要突出个性化，又要兼顾整体性：个性化是指企业要针对不同的媒介和消费者进行差异化传播；而整体性则是在统筹企业形象的发展战略下完成的，要有"高大上"的建设目标和形象诉求，并能培育出独特的企业气质。

（三）完善形象传播机制

所谓"企业形象传播"，是指企业以外部公众作为传播对象，通过积极而主动的对外传播方式阐明企业目标形象的宗旨，传达企业为实现公众价值而做出的努力。[①]企业形象传播是企业战略层面的关键问题，企业应当建立常态化、制度化、长效化的企业形象传播机制。在组织机构方面，设立专门负责形象传播的部门，保障企业形象传播的顺畅进行。传统宣传部门主要是负责引导社会舆论的指导和协调工作；而形象传播部门则是负责统筹形象传播管理工作，根据企业的舆论环境和形象目标，制订传播规划。对于企业经营者而言，应当给予形象传播部门更多的自主权，使其能对自身形象进行有效管理。

---

① 侯胜田.医疗服务营销[M].北京：经济管理出版社，2010：227.

同时，建立由企业高层负责的沟通机制，以消除部门沟通障碍，保证在关键时间和节点，快速反应、有效沟通、积极反馈。此外，必须强化形象传播部门和企业各部门的联合，始终保护同一个形象和同一种声音，切勿各自为战，以免给公众留下混沌无序的印象。

（四）聚焦消费者的需求

在 20 世纪 90 年代之前，盛行的是美国营销学学者杰罗姆·麦卡锡（Jerome McCathy）以产品为导向的 4P 营销理论。[①] 此后，美国营销专家罗伯特·劳特朋（Robert Lauterborn）提出了以消费者需求为导向的 4C 营销理论[②]，重新设定了市场营销组合的"消费者""成本""便利""沟通"四个基本要素，它强调企业应该把追求顾客满意放在首位，接着是努力降低顾客的购买成本，然后要充分注意到顾客在购买过程中的便利性，而不是从企业的角度来决定销售渠道策略，最后还应以消费者为中心实施有效的营销沟通。与产品导向的 4P 营销理论相比，4C 营销理论有了很大的进步和发展，它重视顾客导向，以追求顾客满意为目标，这实际上是当今消费者在营销中越来越居主动地位的市场对企业的必然要求。[③] 企业形象塑造存在于企业与消费者的沟通过程中。为了达

---

① 4P 指产品（product）、价格（price）、促销（promotion）、渠道（place）。

② 4C 指成本（cost）、沟通交流（communication）、消费者（consumer）、方便性（convenience）。

③ 李红新，晁翠华．网络营销与策划 [M]．西安：西安交通大学出版社，2011：82.

到最理想的传播效果，通过哪种渠道或者采用哪些方法与消费者进行沟通，是所有企业都在探索的共同课题。互联网传播时代，传统的传播模式已经难以满足受众多样化的需求。根据消费者喜好，提供差异化、个性化的传播产品是大势所趋。与此同时，随着消费者媒介使用习惯不断发生变化，企业有必要建立消费者调查机制，广泛采集和认真解读目标消费者的现实需求、媒介使用习惯等，及时掌握消费者与企业形象的接触点，根据企业的预算、目标等选择合理有效的传播方式。

第三节 ·
传播策略的实践路径

在新媒体时代，网络媒体与传统媒体的深度融合使信息传播趋向立体网状化，对于形象建设起步较晚的我国企业而言，需要通过上文提及的创建协同式传播矩阵、完善形象传播机制等手段制定科学的传播策略，然后通过贯彻"人本主义"、提升服务水平以及运用创意传播等路径实施企业形象的对外传播。

一、贯彻"以人为本"的方针

在日本，"以人为本"是企业文化的精髓和灵魂，也是企业管理的策略和信条，很多西方学者认为，二战后日本企业的快速崛起在很大程度上要归功于管理过程中"以人为本"方针的贯彻和实施。如今，越来越多的企业效仿日本，建立起以人本主义思想为基础的管理体系。近年来，谷歌公司因其人性化的办公空间而走红网络。与传统格子间截然不同，谷歌办公楼内装有滑梯、台球桌，设有瑜伽房以及篮球、足球场地等，轻松的工作环境和氛围更容易激发员工的创造力。此外，谷歌还为员工提供健康计划与带薪休假，制定灵活的上下班时间等，这些举措充分展现出谷歌奉行自由开放、追求人性化的美好形象,在提升民众好感的同时,也吸引了大批人才加盟。相比之下,快速扩张的优步则是一个典型的负面案例。优步把司机视为独立承包商,认为他们也是共享经济的一部分,拒绝为他们提供正常雇佣关系下的员工福利,也拒绝为其在应用程序中添加"小费"的请求,这让很多司机感到不满并最终选择退出该平台。同时,优步缺乏风险意识,它允许司机在没有牌照和特定驾照的情况下进行注册并为乘客提供客运服务,巨大的管理漏洞酿成了多起司机伤害甚至性侵乘客的案件。更令人愤懑的是,优步部分员工擅自搜集和泄露包括明星、政府官员等在内的乘客的信息。丑闻缠身使得优步的外部形象日渐衰败,很多网友甚至在社交网络上发起了卸载优步的倡议活动。

二、创造共情的沟通环境

随着信息爆炸时代的来临,赢得消费者的注意力成了各类传播媒介争夺的主要目标。通过寻找企业和目标消费者之间的接触点,创造共情的沟通环境,以此吸引消费者的注意力,获得对方的认同并引发共鸣,是目前各类传播媒介善用的手段。沟通环境既应当表现出企业的形象内涵,同时也应击中目标民众的心理需求,创造共情的关键在于从企业化走向个人化。企业形象对于个人生活而言是可有可无的部分,如果企业进行单刀直入式的硬性宣传，则很难引起消费者的关注，因此，应该找寻企业文化与消费者个人生活之间的共通点。企业形象传播与消费者之间的关联度越深，消费者的共情感就越强，传播效果也就越好。中国的电力企业曾因行业垄断而缺少与消费者的互动与沟通，在企业形象建设方面的投入并未达到预期的效果。相比之下，国外电力企业却在激烈的市场竞争中，使出浑身解数展现出良好的企业形象，驱使消费者选择自己，由此涌现出很多经典的形象传播案例。其中，以"家庭"作为沟通环境的案例不胜枚举。温暖、可靠是国外一些电力企业有意向消费者展示的形象，譬如，比利时第一大电力供应商电子标签选用了一只名为基托（Kito）的宠物犬作为企业系列广告的主角。作为一位狗妈妈，基托用微波炉温奶，用吸尘器打扫，用育儿设备照顾狗宝宝，向观众展现着无微不至的母爱，该电力公司的企业形象也随着基托的暖萌感与责任感而极其生动地传递了出来。

三、激发消费者的传播兴趣

互联网对于个人的传播赋权让受众与传播者的身份可以自如转换。曾经的普通民众只能借助人际传播来表达观点，如今的社交媒体让人际传播被置于公共空间，民众能够通过互联网实现从受众到传播者的快速转换，传播范围和传播效果得到了很大提升。北京大学陈刚教授在《创意传播管理》一书中提出了"沟通元"这一概念，沟通元能够吸引消费者的注意力、关注度、参与度，所以企业可通过传播与目标消费者实现互动，建构丰富的沟通元。在被企业抛出后，沟通元可被无限次复制，也可被消费者重新解构和深化，扩大传播范围，增强传播效果。例如，白酒总是给人"老成持重"的印象，但是中国品牌"江小白"却独辟蹊径，以年轻受众为目标消费群，推出了"我有一瓶酒，有话对你说"的活动，将用户上传的照片及青春感言印在酒瓶上，如"话说四海之内皆兄弟，然而四公里之内却不联系""我多么想见你一面，在我们来过的这家店"。由于这些话语是青春感悟的真情流露，加之网友上传的活力四射的图片，迅速在社交媒体掀起了一股传播热潮。互动式设计让白酒瓶成功摆脱了视觉上的冰冷感，摇身变为有温度与人情味的传话筒。当企业将此类形象公布于众之后，被情感牵动的消费者自然会成为持续传播的力量。就本质而言，此类传播模糊了企业和消费者之间因商品交易而产生的利益性，互动式设计无形间增强了企业与消费者之间的情感联络，在消费者心中消解了企业的商业意图，增加了一份有形的陪伴感。

四、积极应对负面舆情

企业形象具有很大的变动性，有时甚至会随着消费者的反馈而发生"翻天覆地"的变化。相较于大众传播时代，互联网传播时代的消息传播速度常呈现几何倍数的增长。遮遮掩掩、以退为进的公关方法在当今传播时代无异于炊沙成饭、饮鸩止渴。企业需要形象监督部门来随时跟进舆情，以最快的速度解决危机，以免让负面舆情逐渐侵蚀企业形象。2012年，中海集运"永信捷1轮"在由南沙驶往汕头的途中，遭遇"韦森特"台风，导致6个装载中国石化聚丙烯产品的集装箱坠落海中，部分包装袋及颗粒被海潮冲到香港海域和离岛沙滩，引发香港社会广泛关注。尽管聚丙烯无毒无味，但在部分媒体刻意炒作下，还是造成了香港民众的恐慌。对此，中石化选择市场化的应对方式，通过当地公关公司来制定危机处理方案。在新闻发布会上，中石化正面回应记者提出的问题，强调企业愿意承担相应的法律责任和赔偿责任。此外，中石化积极与香港民众接触，借助此次事件进行石化领域的科普讲授，这些措施让中石化成功化解了突如其来的舆情危机。

相比之下，韩国三星公司则是一个典型反例。2016年8月，在韩国的手机论坛上传出三星智能手机疑似爆炸的图片，随后网络上相继爆出全球数十起类似爆炸事件。对此，三星公司做出迅速反应，首先于9月2日宣布召回全球（除中国）250万台手机，同时三星移动业务总裁出面鞠躬道歉，10月10日韩国三星电子发表公告宣称正式终止该系列手机的生产，次日又宣布决定永久停止生产和销售该型号手机。尽管三星公司对于电池爆炸起火事件应对速度较快，但其在中国市场的应急表现则令人大失所望。在首批召回的过程中，三星公司表示国行版该系列三星手机的电池供应厂商不同于其他国家，也不存在安全隐患，因此拒绝召回，然而未及半个月国行版该系列三星手机也传出了爆炸事件，这种差别化对待不仅伤害了中国消费者，而且令其形象严重受损，结果造成三星产品在中国市场份额暴跌。

五、掌握传播的主动权

面对日益激烈的国际市场竞争，中国企业需要凭借更好的形象来为自己赢得海外民众的好感，使企业能够在当地扎根、发展并壮大。从建设难度来看，企业的海外形象塑造远比本土塑造的挑战更多、难度更大，很多情况下会受到政治制度、市场环境、宗教文化等多重因素的影响。很多中国企业在"走出去"的过程中，把"讷于言、敏于行"的传统思想植入海外工作中，把低调做人、高调做事奉为圭臬，然而，乐于闷声干活而羞于自我传播的结果，自然是劳而少功，吃力不讨好。一个经典案例是，中国和日本同样在非洲援建铁路、公路，但是当地民众仅仅记得来自日本的援助，而对中国的付出却知之甚少。究其原因，日本企业通常会在修好的公路、铁路旁立下镌有修筑企业及其工人名字的石碑，而中国则是坚持做好事不留名，完成工程便默默离开。当然，这里并不是要否认中国企业基于传统文化而形成的高尚品格，但是在以企业形象、企业声誉为核心的软实力比拼中，中国企业有必要正视羞于对外传播的"短板"，就具体传播策略而言，应该与当地政府、媒体建立平等、均衡、互动的对话机制，切不可态度强硬、自说自话，因为如果以自我为中心、单向性地传输意见和想法，则极容易产生冲突或激化矛盾；此外，为抢夺国际市场利润，很多西方国家通过其所控制的媒体传播力量有意炒作中国企业的负面新闻，严重破坏了中国企业海外形象的正面塑造和传播。对此，中国企业应根据自身的条件和性质，有侧重地选择媒体战略，夺回并掌控形象传播的主动权。

六、用创意驱动传播

随着同质化竞争日趋激烈，别出心裁的品牌形象建设与传播成为不可小觑的竞争手段。创意传播的本质就是将创意作为手段，在信息爆炸的环境中更快速、更有效地获取注意力并影响目标对象。创意在企业形象传播中的大范围应用，最早源自食品行业的同类竞争。例如，同为饮料企业的可口可乐和百事可乐、同为快餐企业的肯德基和麦当劳，这些企业为了争夺更多的消费者，通过各种媒介平台掀起了一场没有硝烟的战争，在此期间出现了许多创意传播的经典案例。詹姆斯·韦伯·扬在《生产创意的技巧》一书中围绕生产创意提出了两个重要原则，即"旧元素的新组合"和"寻找事物的关联性"[①]。首先，一个优秀的创意一定是原创、新鲜、有魅力的集合体，能给观者带来感动或者惊喜。例如，麦当劳在推出美国冬季汉堡时，塑造了一个在冰雪野外不断受伤却被冬季汉堡不断治愈的励志故事。其次，优秀的创意必须言简意赅、简单明了，但又能引发消费者的集体共鸣，能被不同文化背景的消费者所接受。麦当劳有一条经典广告，拍摄的是一个婴儿随着摇篮前后摆动，在笑哭之间来回转换，最后镜头转向婴儿望向的窗外，麦当劳的标志随着摇篮的起伏变化时隐时现，这个创意尽管简单至极，却清晰地传达出麦当劳的快乐形象。在数十年的创意传播中，麦当劳根据不同的产品特点探究不同的创意，而且每个创意都讲述着全新的故事和新鲜的体验，但万变不离其宗的是麦当劳温暖快乐、充满活力的形象。麦当劳曾经推出指挥家汉堡，在该款产品的创意广告中，顾客在麦当劳门店购买指挥家汉堡后，对面的电视中便会传出实时的交响乐演奏，在指挥家的调动下，音乐、歌手会根据顾客的特征进行演奏、演唱，形成音乐和美食的趣味互动。

[①] 许正林.西方广告学经典著作导读[M].郑州：郑州大学出版社，2009：132-133.

参考文献

REFERENCES

爱德曼国际公关公司 . 2018 年度爱德曼全球信任度调查中国报告 [R]. 北京：清华大学，2018.

安迪 . 一味千秋：日本茶道的源与流 [M]. 北京：新华出版社，2015.

白巍 . 公关论 [M]. 北京：中国经济出版社，2009.

白永秀，徐鸿 . 论市场秩序和企业声誉 [J]. 福建论坛（人文社会科学版），2001（6）：71–74.

白玉，吕浩 . 企业形象策划 [M]. 2 版 . 武汉：武汉理工大学出版社，2008.

鲍鹏山 . 鲍鹏山新读论语 [M]. 上海：复旦大学出版社，2009.

北京大学哲学系外国哲学史教研室 . 古希腊罗马哲学 [M]. 北京：生活·读书·新知三联书店，1957.

本田宗一郎 . 本田宗一郎"每日一话" [M]. 朱晓萍，译 . 台北：银禾文化事业有限公司，1987.

本田宗一郎 . 梦想力 [M]. 崔蒙，译 . 北京：新星出版社，2015.

本雅明 . 机械复制时代的艺术 [M]. 李伟，郭东，编译 . 重庆：重庆出版社，2006.

彼得斯，沃特曼．寻求优势——美国最成功公司的经验 [M]．管维立，译．北京：中国财政经济出版社，1985.

波特．国家竞争优势 [M]．李明轩，邱如美，译．北京：华夏出版社，2002.

蔡拓．全球主义与国家主义 [J]．中国社会科学，2000（3）：16-27，203.

常桦，逸飞．约翰·科特：领导变革之父 [M]．北京：中国物资出版社，2010.

陈国生，刘文华．工商企业经营与管理概论 [M]．北京：对外经济贸易大学出版社，2006.

陈姣．科特勒营销学新解 [M]．北京：中华工商联合出版社，2017.

陈荣秋．现代生产运作管理 [M]．北京：北京师范大学出版社，2008.

陈晓剑．企业形象设计 [M]．合肥：中国科学技术大学出版社，1993.

陈幼其．战略管理教程 [M]．上海：立信会计出版社，2009.

陈元芳，张捷，刘大利．企业文化简明教程 [M]．武汉：华中科技大学出版社，2013.

陈云．身负重任和学习哲学 [J]．党建研究，1990（5）：1-2.

成杰．商道即人道：稻盛和夫给创业者的人生课 [M]．北京：中国华侨出版社，2011.

稻盛和夫．稻盛和夫的实学　经营和会计 [M]．吴辉，译．南京：译林出版社，2005.

稻盛和夫．活法 [M]．周庆玲，译．北京：东方出版社，2005.

稻盛和夫.活法叁——寻找你自己的人生王道[M].蔡越先,
　　译.北京:东方出版社,2009:10.

稻盛和夫.干法:稻盛和夫写给职场人的工作真谛[M].曹岫云,
　　译.北京:华文出版社,2010.

稻盛和夫.培育人才是经营者留给企业的最大资产[EB/OL].
　　曹岫云,译.(2016-07-15)[2019-05-03]. http: //www.
　　ebusinessreview.cn/articledetail-286622.html.

德鲁克.管理的实践[M].齐若兰,译.北京:机械工业出版社,
　　2006.

邓晓辉.企业研究新视角:企业声誉理论[J].外国经济与管理,
　　2004(6):14-19.

丁士峰.领导哲学概论[M].北京:国防大学出版社,2005.

丁芸,蔡秀云.文化创意产业财税政策国际比较与借鉴[M].北
　　京:中国税务出版社,2016.

范宝云,任发杰,赵荣强.世界富豪的点子[M].济南:山东人
　　民出版社,1997.

冯力.创新对外宣传工作应在四方面下功夫——学习领会习
　　近平总书记8·19重要讲话精神[EB/OL].(2013-10-15)
　　[2019-08-31]. http://theory.people.com.cn/n/2013/1015/
　　c40531-23211378.html.

冯友兰.冯友兰自选集[M].北京:首都师范大学出版社,2008.

干勤.对我国企业加强声誉管理的思考[J].南京经济学院学报,
　　2001(2):27-29.

高立胜.企业形象[M].沈阳:辽宁人民出版社,1994.

高树军，杨淑霞，孙海杰．企业形象策划 [M]．保定：河北大学出版社，1997．

高田雄吉．经营圣哲　松下幸之助　管理突破全书 [M]．刘景文，编译．北京：光明日报出版社，2002．

苟欢迎，刘文瑞．管理哲学的探索者：郎特里和谢尔登 [EB/OL]．（2006−11−08）[2019−05−20]. http://finance.sina.com.cn/leadership/mrlzy/20061108/18043061163.shtml.

古敏．学会走商路 [M]．北京：大众文艺出版社，2009．

关彬．从德鲁克到稻盛和夫 [M]．北京：东方出版社，2016．

国家统计局设管司．文化及相关产业分类（2012）[EB/OL].（2012−07−31）[2019−08−09]. http://www.stats.gov.cn/tjsj/tjbz/201207/t20120731_8672.html.

韩璐．平井一夫微笑守护了索尼 6 年，接下来的表现能否依旧在线？ [EB/OL].（2018−02−08）[2019−05−20]. https://www.sohu.com/a/221733314_202972.

黑格尔．历史哲学 [M]．王造时，译．上海：上海书店出版社，1999．

洪功翔．政治经济学新编 [M]．合肥：中国科学技术大学出版社，2003．

侯胜田．医疗服务营销 [M]．北京：经济管理出版社，2010．

侯书生，余伯刚．经营哲学：用哲学思想引领企业的发展航向 [M]．成都：四川大学出版社，2016．

胡春森，董倩文．企业文化 [M]．武汉：华中科技大学出版社，2018．

胡适 . 中国古代哲学史 [M]. 上海：上海古籍出版社，2013.

胡适 . 胡适讲哲学史 [M]. 北京：团结出版社，2019.

胡钰，汪帅东，王嘉婧 . 论企业形象：如何成为受赞誉的企业
[M]. 北京：中信出版社，2019.

胡钰，张楚 . 企业传播：认识维度与分析框架 [J]. 经济导刊，
2018（6）：68–72.

霍金森 . 领导哲学 [M]. 刘林平，万向东，张龙跃，译 . 昆明：云
南人民出版社，1987.

霍克海默，阿多尔诺 . 启蒙辩证法 [M]. 洪佩郁，蔺月峰，
译 . 重庆：重庆出版社，1990.

贾春峰 . 碧波万顷望无极 [M]. 广州：广州出版社，1994.

简军 . 日本经营四圣 [M]. 武汉：华中科技大学出版社，2013.

江伟 . 匠人哲学：日本四大商圣的商道法则 [M]. 北京：中国华侨
出版社，2017.

皆木和义 . 稻盛和夫的论语 [M]. 郭勇，译 . 北京：台海出版社，
2017.

来永宝 . 塑造企业形象——21 世纪企业发展战略 [M]. 厦门：厦
门大学出版社，2003.

兰涛 . 别给人生设限：本田宗一郎的商道公开课 [M]. 北京：中国
华侨出版社，2012.

李保林 . 经营哲学与艺术 [M]. 郑州：求实出版社，1989.

李海春 . 日本内容产业现状及发展要因 [J]. 现代传播，2007（1）：
112–116.

李红新，晁翠华 . 网络营销与策划 [M]. 西安：西安交通大学出

版社，2011.

李劲．德鲁克谈管理 [M]．深圳：海天出版社，2011.

李梦媛．日本武士道民族精神与日本企业文化研究 [D]．济南：山东师范大学，2015.

李密.稻盛和夫的人生智慧 [M].北京：中国纺织出版社，2017.

李培挺，张守连．破"科学管理"，立"管理哲学"——"科学管理"背景下谢尔登管理哲学基本定位初探 [J].管理学报，2011（10）：1451–1456，1461.

梁守德，李义虎．全球化与和谐世界 [M]．北京：世界知识出版社，2007.

林升梁．整合品牌传播：战略与方法 [M]．北京：中央编译出版社，2017.

刘海鹰．日本经营四圣的人生智慧 [M]．北京：九州出版社，2010.

刘江宁，周留征．企业哲学的历史演进、分析框架和功用研究 [J].山东社会科学，2017（1）：145–150.

刘解军．中国教育创新与特色学校建设理论与实践（上）[M].北京：光明日报出版社，2003.

刘卫国，周勇．企业人力资源开发与评价体系研究 [M].北京：煤炭工业出版社，2001.

刘永辉，伊波美智子．论本田宗一郎的实践经营哲学 [J].对外经贸实务，2010（3）：26–28.

刘友芝．现代传媒新论 [M]．武汉：武汉大学出版社，2006.

柳斌，舒达．21 世纪素质教育实施全书 [M]．北京：长城出版社，1999.

陆雄文.管理学大辞典 [M].上海:上海辞书出版社,2013.

吕世伦.法理念探索 [M].北京:法律出版社,2002.

罗长海,林坚.企业文化要义 [M].北京:清华大学出版社,2003.

罗国杰.当代中国职业道德建设 [M].北京:企业管理出版社,
1994.

罗锐韧.松下幸之助管理全集:第二卷(人生智慧) [M].北京:
企业管理出版社,1998.

马克思.1844 年经济学—哲学手稿 [M].刘丕坤,译.北京:人民
出版社,1979.

马斯洛.动机与人格 [M]. 3 版.许金声,等译.北京:中国人民
大学出版社,2007.

玫琳凯·艾施女士和她的玫琳凯公司 [EB/OL].(2006-09-14)
[2019-05-18]. http://www.mba163.com/glwk/qywh/200609/67878.
html.

孟勇,张强,姚明晖.日本企业管理经典案例解析 [M].上海:
上海交通大学出版社,2017.

穆兆曦.决策 [M].北京:清华大学出版社,2012.

潘承烈,虞祖尧,等.中国古代管理思想之今用 [M].北京:中
国人民大学出版社,2001.

潘月杰,耿冬梅.企业声誉危机预警与管控 [M].北京:经济管
理出版社,2014.

钱学森.智慧与马克思主义哲学 [J].哲学研究,1987(2):3-5.

邱强.稻盛和夫:拯救日航的恺撒 [EB/OL].(2010-05-04)[2019-
04-30]. https://news.qq.com/a/20100610/001776.htm.

邱询旻 . 日本企业竞争力个案研究 [M]. 北京：中国经济出版社，2015.

屈万里 . 诗经诠释 [M]. 上海：上海辞书出版社，2016.

若山富士雄，杉本忠明 . 丰田的秘密 [M]. 李孙华，等译 . 北京：北京出版社，1978.

沙薇，张娅萍，张利 . 新编日本文化概论 [M]. 北京：光明日报出版社，2015.

盛田昭夫 . 日本造·盛田昭夫和索尼公司 [M]. 伍江，霜驷，王秋海，译 . 北京：生活·读书·新知三联书店，1988.

盛田昭夫 . 盛田昭夫与索尼公司 [M]. 薛慧英，王超，鲁重为，译 . 长春：吉林大学出版社，1989.

盛田昭夫，下村满子 . 日本制造 [M]. 周征文，译 . 北京：中信出版集团，2016.

诗经 [M]. 赵逵夫，注评 . 武汉：长江文艺出版社，2015.

诗经 [M]. 孙静，主编 . 天津：百花文艺出版社，2016.

石瑞勇 . 企业声誉管理基本内涵剖析 [J]. 经济研究导刊，2019（21）：10–11.

市场咨询（Marketing Express）. 可口可乐的日本式创新 [EB/OL].（2019–02–12）[2019–07–08]. http://www.foodaily.com/market/show.php?itemid=19328.

松下幸之助 . 松下经营理念精华——松下幸之助选才、育才与用才文选 [M]. 阮明，译 . 北京：学苑出版社，1988.

隋岩，张丽萍 . 企业形象的碎片化呈现与传播 [J]. 新闻大学，2013（5）：126–133.

谭一夫. 日本式管理 [M]. 北京：西苑出版社，2000.

陶勤海，应勤俭，龚仰军，等. 企业形象设计 [M]. 上海：立信会计出版社，2001.

田平，等. 企业形象策划 [M]. 北京：中央编译出版社，1995.

铁健司. 全面质量管理及其推行方法 [M]. 战宪斌，译. 北京：中国经济出版社，1986.

王充. 论衡·卷八·儒增篇 [M]. 长沙：岳麓书社，2015.

汪帅东. 套路与颠覆：论日本企业声誉的哲学建构 [J]. 日本研究，2017（4）：49-55.

汪帅东. 知以藏往：松下幸之助的企业哲学观 [J]. 企业管理，2018（4）：38-41.

王富祥，刘铁军. 企业形象策划 [M]. 2 版. 武汉：武汉理工大学出版社，2014.

王惠敏. 稻盛和夫全传：从乡巴佬到日本经营之圣 [M]. 武汉：华中科技大学出版社，2011.

王景利，黄臻. 企业战略管理 [M]. 北京：国家行政学院出版社，2018.

王猛. 战后日本人公私观的变迁 [J]. 日本问题研究，2017（1）：1-9.

王培佐. 思想的本质 [M]. 济南：黄河出版社，2009.

王蔷，李丽萍. 管理学教程习题与案例集 [M]. 3 版. 上海：上海财经大学出版社，2011.

王如平. 辩证法与人生智慧 [M]. 长春：吉林大学出版社，2007.

王宛玲，等. 企业形象策划与传播 [M]. 北京：中国科学技术出版社，1996.

王文采．周易经象义证 [M]．修订本．北京：九州出版社，2016.

王文元．新编会计大辞典 [M]．沈阳：辽宁人民出版社，1991.

王延章，张海冰．城市智慧环保规划与设计研究 [M]．北京：中国环境出版社，2016.

王月辉．日本企业市场营销战略 [M]．北京：科学技术文献出版社，2005.

闻欣颖．最管理——管理大师的管理习惯和管理智慧 [M]．武汉：华中师范大学出版社，2011.

《现代管理词典》编委会．现代管理词典 [M]．2 版．武汉：武汉大学出版社，2009.

谢尔登．管理哲学 [M]．刘敬鲁，译．北京：商务印书馆，2013.

熊源伟．企业形象 [M]．广州：中山大学出版社，1991.

徐光春．马克思主义大辞典 [M]．武汉：崇文书局，2017.

徐增厚，石玉亮．经营哲学 [M]．北京：红旗出版社，1992.

许文．南洲翁遗训 [M]．北京：新世界出版社，2011.

许正林．西方广告学经典著作导读 [M]．郑州：郑州大学出版社，2009.

杨淑华，江镕，江山．世界名车之父——本田宗一郎 [M]．长春：北方妇女儿童出版社，2004.

叶渭渠．日本文明 [M]．北京：中国社会科学出版社，1999.

叶远峰．现代企业团队建设研究 [D]．哈尔滨：哈尔滨工程大学，2003.

以品牌建设实现中国产品向中国品牌转变 [EB/OL]．（2014–

05-28）[2019-06-08]. http://www.cqn.com.cn/zgzlb/
content/2014-05/28/content_2206032.htm

余长根 . 管理的灵魂 [M]. 上海：复旦大学出版社，1993.

余津津 . 现代西方声誉理论述评 [J]. 当代财经，2003（11）：18-22.

余明阳，朱纪达，肖俊崧 . 品牌传播学 [M]. 上海：上海交通大
学出版社，2005.

斎藤荣三郎 . 中曽根首相的思想与行动 [M]. 共工，译 . 北京：商
务印书馆，1984.

张海霞 . 商务与管理沟通 [M]. 北京：中国经济出版社，2006.

张军，许庆瑞 . 知识积累、创新能力与企业成长关系研究 [J]. 科
学学与科学技术管理，2014（8）：86-95.

张天祥 . 管理哲学论 [M]. 昆明：云南大学出版社，2003.

张晓明，尹昌龙，李平 . 文化蓝皮书：国际文化产业发展报告
（第一卷·2007）[M]. 北京：社会科学文献出版社，2007.

张秀荣 . 地学哲学价值研究 [M]. 北京：知识产权出版社，2019.

张燕铧 . 企业经营哲学 [M]. 昆明：云南教育出版社，2007.

针木康雄 . 本田神话 [M]. 延吉：延边人民出版社，1997.

针木康雄 . 本田车王　本田宗一郎传 [M]. 龚琛，译 . 长春：时代
文艺出版社，2002.

郑国铎 . 企业激励论 [M]. 北京：经济管理出版社，2002.

郑文哲，王水嫩 . 企业声誉的培育和维护 [J]. 企业改革与管理，
2004（3）：44-45.

中共中央马克思恩格斯列宁斯大林著作编译局 . 马克思恩格斯
选集：第一卷 [M]. 北京：人民出版社，1995.

中共中央马克思恩格斯列宁斯大林著作编译局 . 马克思恩格斯文集: 第八卷 [M]. 北京: 人民出版社，2009.

中国企业联合会 . 共享和谐——解读 SA8000 企业社会责任体系 [M]. 北京: 企业管理出版社，2004.

《中国商业百科全书》编辑委员会，中国大百科全书出版社编辑部 . 中国商业百科全书 [M]. 北京: 中国大百科全书出版社，1993.

中国社会科学院新闻研究所公共关系课题组 . 塑造形象的艺术——公共关系学概论 [M]. 北京: 科学普及出版社，1986.

中国社会科学院语言研究所词典编辑室 . 现代汉语词典 [M]. 7 版 . 北京: 商务印书馆，2016.

朱宾忠 . 欧美文艺思潮及文学批评 [M]. 武汉: 武汉大学出版社，2016.

Argenti, P. A., Howell, R. A. & Beck, K. A. The strategic communication imperative[J]. MIT Sloan Management Review, 2005(3): 83–89.

Cano, G. A., Garzón, A. & Poussin, G. Culture, Trade and Globalization: Questions and Answers[M]. Paris: UNESCO Publishing, 2000.

Forbes. The World's 100 Most Innovative Companies[EB/OL]. (2018–05–30)[2019–06–01]. https://www.forbes.com/innovative-companies/list/#tab:rank.

Juran, J. M. The upcoming centuary of quality[J]. Quality Progress, 1994(8): 29–38.

Leopold, A. A Sand County Almanac and Skeches Here and There[M]. New York: Oxford University Press, 1949.

Levitt, T. Industrial Purchasing Behavior: A Study of Communication Effects[M]. Cambridge, Mass.: Harvard University Press, 1965.

McGray, D. Japan's Gross National Cool[J]. Foreign Policy, 2002, 130(5–6): 44–54.

宮崎勇，本庄真．日本経済図説 [M].3 版．東京: 岩波書店，2001.

財団法人デジタルコンテンツ協会．デジタルコンテンツの市場規模とコンテンツ産業の構造変化に関する調査研究 [R]．東京: 財団法人デジタルコンテンツ協会，2009.

日本コカ・コーラ株式会社．コカ・コーラトクホ・機能性表示食品飲料ガイド [EB/OL]．（2017–03–21）[2019–05–12]. https: // www.cocacola.co.jp/inryoguide/lineup#1.

日本コカ・コーラ株式会社．もも香る、コカ・コーラ、2018年1月22日新発売 [EB/OL]．（2018–01–02）[2019–07–09]. https: // twitter.com/CocaColaJapan.

日本コカ・コーラ株式会社．歴史的瞬間をもっと特別なものにする「コカ・コーラ」新元号ボトル！その配布の舞台裏に密着 [EB/OL]．（2019–04–01）[2019–07–01]. https: // www.cocacola.co.jp/stories/brands_coca–cola_neweraname_bottle_190401.

増本貴士．資金調達方法にみるデジタルコンテンツの流動化 [J]．情報処理学会研究報告，2007（12）: 29–36.

松本幸之助．実践経営哲学 [M]．東京: PHP 研究所，2001.

后 记

AFTERWORD

2016 年 7 月，从北京师范大学毕业后，我进入清华大学新闻与传播学院博士后流动站，拜随胡钰教授从事国家形象、企业传播等方面的研究工作。尽管我从未有过相关的研究经历和经验，但得益于曾经的跨学科学习背景，转攻传播学后很快进入了研究状态。在胡钰教授的引荐下，我有幸参加了多场级别和规格较高的重要会议，不但结识了多位资深企业研究者，而且收集了大量案例素材，这也为本人日后从事企业传播研究奠定了坚实基础。

胡钰教授本硕博均就读于清华大学，但更令我钦佩的是，他取得了三个不同专业的学位。胡钰教授总是叮嘱我在做好当前课题的同时，绝不能完全抛弃此前涉足的领域，而应该发挥自身优势，多尝试学科交叉研究，这也是我目前在传播学、翻译学、比较文学等多个领域开展同步研究的根本动力。在撰写出站报告的过程中，胡钰教授对每个章节的框架设计、切入视角及论述重点等都给予了细致指导。在胡门严谨而自由的学术氛围中，本人的研究成果也一篇篇写就和发表。2018 年 8 月入职北京科技大学后，我又撰写了几篇与日本企业文化相关的论文，并被《技术经济与管理研究》《领导科学》《日本研究》等期刊录用发表，这些成果也是构成拙著的框架基础和核心内容。如今，我已经回归到日语专业从事教学与科研工作，研究重心也慢慢转回到比较文学方向，尽管难有余力兼顾企业文化研究，但我相信这段专攻企业文化的研究经历必将使我受益终生。在拙著发表之际，我尤想借此机会感谢胡钰教授的知遇之恩。四年来，无论在学业上，还是在生活与工作中，胡钰教授都给予了我莫大的支持和鼓励，能够在求学生涯中遇到胡钰教授是我一生之幸事。

时光荏苒，岁月如梭。转眼间离开清华已经两年有余，由于平日工作繁忙，见到胡钰教授的机会不多，但我始终牢记出站时胡钰教授的殷殷嘱托。喧闹任其喧闹，自有我自为之。在忙碌之余寻得片刻安静与书为伴，于我而言是一种无可替代的乐趣，学会用生活所感去读书，用读书所得去生活也已悄然成为我的人生哲学。书稿既结，一方面，我为能够顺利完成此项课题而喜上眉梢；另一方面，我又因担心无法达到广大读者的期望而心怀忐忑。在撰写书稿的过程中，得到诸多师友的支持和帮助，在此致以衷心感谢。本人才疏学浅，书中谬误在所难免，敬祈海内外方家、广大读者批评指正。

图书在版编目（CIP）数据

日本企业文化要义 / 汪帅东著. — 杭州 ： 浙江大
学出版社，2021.4（2024.8重印）
　　ISBN 978-7-308-21160-4

　　Ⅰ．①日… Ⅱ．①汪… Ⅲ．①企业文化－研究－日本
Ⅳ．①F279.313.3

中国版本图书馆CIP数据核字(2021)第044206号

日本企业文化要义

汪帅东　著

责任编辑	黄静芬
责任校对	田　慧
装帧设计	周　灵
出版发行	浙江大学出版社 （杭州市天目山路148号　　邮政编码　310007） （网址：http://www.zjupress.com）
排　　版	杭州林智广告有限公司
印　　刷	广东虎彩云印刷有限公司绍兴分公司
开　　本	889mm×1194mm　1/32
印　　张	6.5
字　　数	151千
版 印 次	2021年4月第1版　2024年8月第3次印刷
书　　号	ISBN 978-7-308-21160-4
定　　价	35.00元